主体的・対話的で
深い学びを実現する!

小学校外国語『学び合い』活動ブック

西川　純・橋本和幸・伊藤大輔 編

明治図書

まえがき

なぜ，小学校から英語を学ばなければならないのでしょうか？（先生方の立場から言えば，なぜ，小学校で英語を教えなければならないのでしょうか？）学習指導要領がそうなったと言えば身も蓋もないでしょう。平成29年版学習指導要領には「外国語によるコミュニケーションにおける見方・考え方を働かせ，外国語による聞くこと，読むこと，話すこと，書くことの言語活動を通して，コミュニケーションを図る基礎となる資質・能力を次のとおり育成することを目指す。」と書かれています。しかし，この言葉の意味を理解するためには，改訂の経緯の部分を読まなければなりません。これからの社会の変化の第一に挙げられているのは人工知能（AI）の飛躍的な進化です。そのため，機械翻訳が飛躍的に進んでいます。日本語で話しかけると，それを英語に翻訳して音声として流すことができる機器が民生用品として出回っています。もちろん，現状の性能には限界があります。しかし，小学校の子どもたちが社会で活躍する今から10年後，20年後，30年後の社会における AI の発達と，それによる機械翻訳の精度の進化を予想すれば，どれほどになるでしょう。

そのような時代において，聞く，話す，読む，書くという技能を獲得する必要はほとんど無くなってしまいます。しかし，人工知能を使えば全ての日本人が海外の人々と問題なくコミュニケーションできるでしょうか？　できません。聞く，話す，読む，書くはコミュニケーションの基礎的要素ではありますが，コミュニケーションの全てではありません。

クラスを見回して下さい。日本語を流ちょうに使える全ての子どもたちは，全ての子どもとコミュニケーションを取れるでしょうか？　そうではないことはよく知っておられるでしょう。一人でポツンとしている子は，どのクラスにもいます。その子に足りないのは何でしょうか？例えば，場面緘黙の子は家では家族と喋れるのです。その子に足りないのは，第一に，人とコミュニケーションする必然性，必要性です。第二に，他人とコミュニケーションしても，自分が傷つかず，楽しく学べることへの理解です。

海外の人たちとこれから一緒に仕事をしなければならない子どもたちにとって一番大事なのは，第一に，外国人とコミュニケーションする必然性，必要性です。第二に，外国人とコミュニケーションしても，自分が傷つかず，楽しく学べることを納得することです。アメリカの一流大学では，このことを学ばせるために外国人枠を設けているのです。つまり，一定の国の人を一定人数，優先的に合格させます。それによってアメリカにいながら，多様な国，人種，宗教の人たちと関わり合う経験を持たせているのです。

では，我が国の普通の小学校でどのような英語を学ぶべきでしょうか？

主体的で対話的であらねばならないことは当然です。あまり知らない同級生と積極的に会話する経験が必要です。それは『学び合い』ならば可能です。その可能性を，本書を通して感じ取って欲しいと願います。

西川　純

目 次

第３章　主体的・対話的で深い学びを実現する！ 外国語活動『学び合い』活動モデル　５年

第4章 主体的・対話的で深い学びを実現する！ 外国語活動『学び合い』活動モデル 6年

本書の使い方

本書は，小学校の外国語活動・外国語において，子どもたちが主体的・対話的に学習するために，３・４年生“Let's Try!” １・２各35時間，５・６年生“We Can!” １・２各70時間の中で『学び合い』で学習を進めることが可能な部分を選んでいます。『学び合い』の特徴として，「全員達成」があります。クラス全員のネームプレートを用意し，誰ができていて，誰ができていないかを可視化することで，助けを求めたり，助けに行ったりすることが可能になります。

本書は，見開き２ページで授業１時間分です。左ページは本時のめあて，手立て，すること，ゴール，ふりかえりからなる児童配布用，右ページはねらい，授業の流れと声かけのポイント，評価の文例からなる教師用です。

めあて

本時の授業でどんなことができればよいのか，どんなことが身につけばよいのかを表しています。

手立て

本時のめあてを達成するために活用するものです。事前に準備しなければならないものは教師側で準備しましょう。

すること

めあてを達成するためにすることが順番に書かれています。

GOAL ゴール

何ができれば本時のめあてを達成したことになるのかを示しています。「A　よくできた」「B　できた」「C　がんばろう」で表しており，基本は全員がＢを達成することを求めます。全員がＢを達成するために全力をつくすとＡになるように設定しています。

ふりかえり（学習面）

自分の到達度に○をつけ，この時間でわかったことやできるようになったこと，感想を文章で書かせます。学習面のふりかえりから子どもの学習状況を把握し，評価することが可能です。

ふりかえり（行動面）

『学び合い』は本時の学習の全員達成を求めます。この時間の自分の行動をふりかえり，次回の行動目標を考えさせます。

ねらい（○／□時間）

本時のねらいと，各 Unit の全時間の何時間目にあたるかを示しています。

☺授業の流れと声かけのポイント☺

教師主導はデジタル教材を使いながら一斉で行う部分，子ども主体は学習を子どもたちに任せ，教師は子ども同士をつなぐ声かけを行う『学び合い』の部分です。「活動中に見える子どもの言動」は，学習を子どもたちに任せた場合に見られる子どもの行動や会話例です。そのような言動が見られた場合は，「教師の声かけ・価値づけ」に書かれているようなことを，大きな声でクラス全体に聞こえるようにつぶやきましょう。その教師の言葉を聞いて，よい行動が広まったり，子ども同士がつながったりするきっかけになります。同じ言動であっても，何度も価値づけすることが子ども同士の人間関係向上に効果的なので，積極的にどんどん声かけしていきましょう。

最後の５分は，１時間のふりかえりです。子どもたちのよかった言動をたくさん紹介し，褒めましょう。もし，気になることや改善してほしいことがあれば，１つか２つ程度伝え，次回改善することを求めます。気になるところばかり目がいきがちで，改善してほしいことをたくさん言いたくなることもありますが，ぐっとこらえて一番気になることだけにしましょう。気になることをたくさん伝えても一度には改善できません。時間はかかりますが，よいところをたくさん褒め，次回も頑張ろうという気持ちにさせることが，集団がよくなる近道です。子どもたちが自分たちで改善していくことを期待しましょう。

評価の文例

通知表や指導要録で使える評価の文例と評価の観点です。

☆学習環境を整えよう

本書では，１単位時間によって，フルの『学び合い』であったり，教師主導と『学び合い』が混ざっていたりします。たとえば，教室にデジタル教材が入った機器を複数用意することができれば，教師主導の部分も子どもたちに任せることができます。

『学び合い』を実践するときに大切なことは，子どもたちが「これ使いたいな」「こんなのあったらいいのに」と思ったときにすぐに使えるように学習環境を整えることです。今までの教師主導型の授業であれば，デジタル教材１つだけでも大丈夫ですが，『学び合い』では子どもたちは自分たちのペースで学習を進めます。つまり，同時に複数の機器が必要になる場合がありますので，できる限り子どもたちが自分たちで学習できる環境づくりをしましょう。

教材や機器を用意すると，ついつい「○○を使いなさい」と言いたくなりますが，それを使うか使わないかも子どもたちに任せます。強いるのではなく，「こんなのもあるから使いたかったら使っていいよ」と伝えておくだけで，必要なときに必要なものを使って学習します。ALT の先生の活用も同様で，子どもたちに強いるのではなく，正しい発音が知りたいとき，合っているか確認したいとき，デジタル教材が使えないときなど，子どもたちが必要なときに活用できるようにしましょう。

各学習のねらいや授業の流れ，評価については，あくまでも参考例ですので，子どもたちの実態に応じて適宜変更していただければと思います。

第１章

主体的・対話的で
深い学びを実現する！
外国語活動『学び合い』
活動モデル　３年

1 Hello!

あいさつをして友だちになろう

3年　　組（　　　　　　　　　　　　）

めあて

全員が，“Hello.”や“I'm ～.”という表現《ひょうげん》を使って，あいさつや名前を言うことができる。

手立て

“Let's Try! 1” 4～5ページ・デジタル教材《きょうざい》・音声教材・ALTの先生・タブレットPC

すること

I　5人以上にあいさつと自己紹介《じこしょうかい》（名前）をし，サインをもらう。

ゴール

A　10人以上に，あいさつと自己紹介をすることができた。

B　5人以上に，あいさつと自己紹介をすることができた。

C　時間内に終わらなかった。

ふりかえり

①学習面について　　**ゴール　A　B　C**

今日わかったことやできるようになったこと，感想を学習した言葉を使って書きましょう。

②行動面について　**A みんなのために行動できた　B みんなのために行動できなかった**

次，みんながができるためにがんばることを書きましょう。

ねらい “Hello.” や “I'm ～.” という表現を使って，あいさつや名前を言うことができる。

（２／２時間）

3年

☺ 授業の流れと声かけのポイント ☺

①はじめの語りとめあての説明≪５分≫

本時のめあてとして，“Hello” や “I'm ～.” という表現を使って自己紹介することを伝えます。そして「時間内に全員が５人以上に自己紹介できること」を求めます。そのためには「どこで」「誰と」学習してもよいことを伝え，学習を子どもたちに任せます。デジタル教材や音声教材，ALT の先生はゴールを達成するために活用してもよいことも伝えます。

先生と ALT による簡単な手本をみんなに見せ，全体で練習してみるとスムーズに学習が進みます。

〈会話例〉T：Hello.　A：Hi.

T：I'm ○○○. What's your name?　A：I'm △△△.

T：Good name. Thank you. Bye.　A：Bye-bye.

授業で習っていなくても，自分が知っている単語や文法を使ってアドリブで会話してもよいことも伝えます。そのかわり，相手が理解できるように工夫することを伝えます。

②課題Ⅰ（子ども主体：『学び合い』）≪35分≫

	活動中に見える子どもの言動（例）	教師の声かけ・価値づけ（例）
課題Ⅰ	・男女同士で自己紹介している。	・「男女で自己紹介しているね。誰とでも関わることができるのはいいことだね。」
	・相手の自己紹介にうなずきながら聞いている。	・「うなずきながら聞いている人がいるね。ちゃんと聞いてもらえている感じがして，話しやすいだろうな。」
	・「あと何人？　一緒にする？」	・「全員達成のために全体に声をかけていて，いいね。」
	・５人以上に自己紹介している。	・「５人終わったのに，まだ自己紹介している人がいるよ。意欲的だね。」
	・インターネットで他の表現方法を検索している。	・「タブレットを使って，他の表現方法を調べているね。賢いな～。」

③ふりかえり≪５分≫

活動中に見えたよい言動をできるだけたくさん褒めます。全員がめあてを達成できていれば「次回もみんなが達成することを期待しています」と伝え，ふりかえりを書かせます。もし，全員がめあてを達成できていない場合は，どうすれば全員が達成できたかをみんなで考えます。出てきた意見をもとに，「次は改善して，みんなが達成することを期待しています」と伝え，ふりかえりを書かせます。（※以降の Unit も同じポイントで行う）

評価の文例

・あいさつや自己紹介を通じて，自分のことを伝えたり，相手のことを知ることができた。（コミュニケーション）

2 How are you?

ごきげんいかが？

3年　　組（　　　　　　　　　　　　　　　　）

めあて

全員が，表情《ひょうじょう》やジェスチャーを工夫《くふう》しながら，コミュニケーションをとることができる。

手立て

“Let's Try! 1” 8～9ページ・デジタル教材《きょうざい》・音声教材・ALT の先生・タブレット PC

すること

Ⅰ　8ページ「Let's Listen」を聞き，だれがどんな様子か線でむすぶ。

Ⅱ　8ページ「Let's Sing ①」「Let's Sing ②」をジェスチャーをつけて歌う。

Ⅲ　9ページ「Activity」を読み，友だちがどんな様子かたずねる。

ゴール

A　10人以上に，様子をたずねることができた。

B　5人以上に，様子をたずねることができた。

C　時間内に終わらなかった。

ふりかえり

①学習面について　　**ゴール　A　B　C**

今日わかったことやできるようになったこと，感想を学習した言葉を使って書きましょう。

②行動面について　**Aみんなのために行動できた　Bみんなのために行動できなかった**

次，みんながができるためにがんばることを書きましょう。

ねらい 表情やジェスチャーを工夫しながら，自分や相手の感情・状態を発信したり尋ねたりすることができる。（４／４時間）

授業の流れと声かけのポイント

①めあての説明≪10分≫

授業のはじめにアイスブレイクとして，５分ほどでできるゲームをします。そののち，本時のめあてを説明します。

②課題Ⅰ・Ⅱ（教師主導：一斉）≪15分≫

「Let's Listen」「Let's Sing ①」「Let's Sing ②」を先生と一緒に進めていきます。

③課題Ⅲ（子ども主体：『学び合い』）≪15分≫

「Activity」をもとに，本時のめあてとゴールを再度確認します。そして「時間内に全員が友だちの様子を尋ねることができること」を求めます。そのためには「どこで」「誰と」学習してもよいことを伝え，学習を子どもたちに任せます。デジタル教材や音声教材，ALT の先生はゴールを達成するために活用してもよいことも伝えます。また，先生と ALT によるミニ会話を事前に打ち合わせして披露し，全体で練習してみるとスムーズに学習が進みます。

〈会話例〉

T：Hi, ○○. How are you?　　A：I'm good. Thank you. How about you?

T：I'm hungry.　　A：Well, let's go to the restaurant to eat some food.

T：That's a good idea.

	活動中に見える子どもの言動（例）	教師の声かけ・価値づけ（例）
課題Ⅲ	・男女同士でインタビューしている。	・「男女でインタビューしているね。誰とでも関わることができるのはいいことだね。」
	・相手の答えにうなずきながら聞いている。	・「うなずきながら聞いている人がいるね。ちゃんと聞いてもらえている感じがして，話しやすいだろうな。」
	・聞き取れなかったのでもう一度聞いている。	・「聞いたふりをしないで，友だちの答えをしっかり聞こうとすることはいいことだよ。」
	・「あと何人？　一緒にする？」	・「全員達成のために全体に声をかけていて，いいね。」
	・５人以上にインタビューしている。	・「５人終わったのに，まだインタビューしている人がいるよ。意欲的だね。」
	・インターネットで他の表現方法を検索している。	・「タブレットを使って，他の表現方法を調べているね。賢いな～。」

④ふりかえり≪５分≫　（※本書 p.11参照）

評価の文例

・表情やジェスチャーを工夫しながら，相手に体調や感情を聞くことができた。（コミュニケーション）

・相手の質問に，しっかり答えることができた。（コミュニケーション）

3 How many?

数えて遊ぼう

3年　　組（　　　　　　　　　　　　）

めあて

全員が，相手に伝わるように工夫しながら，数をたずねたり答えたりすることができる。

手立て

"Let's Try! 1" 13ページ・デジタル教材《きょうざい》・音声教材・ALT の先生

すること

Ⅰ　13ページ「Let's Chant」「Let's Play ③」をする。

Ⅱ　13ページ「Activity ①」を読み，すきな数だけりんごに色をぬり，友だちにいくつ持っているかインタビューする。

ゴール

A　10人以上に，数をたずねることができた。

B　５人以上に，数をたずねることができた。

C　時間内に終わらなかった。

ふりかえり

①学習面について　　**ゴール　A　B　C**

今日わかったことやできるようになったこと，感想を学習した言葉を使って書きましょう。

②行動面について　**Aみんなのために行動できた　Bみんなのために行動できなかった**

次，みんなができるためにがんばることを書きましょう。

ねらい 相手に伝わるように工夫しながら，数を尋ねたり答えたりすることができる。

（４／４時間）

☺ 授業の流れと声かけのポイント ☺

①めあての説明≪10分≫

授業のはじめにアイスブレイクとして，５分ほどでできるゲームをします。そののち，本時のめあてを説明します。

②課題Ⅰ（教師主導：一斉）≪10分≫

「Let's Chant」「Let's Play ③」を先生と一緒に進めていきます。

③課題Ⅱ（子ども主体：『学び合い』）≪20分≫

本時のめあてである，持っているりんごの数を尋ねたり，答えたりすることを再度確認します。そして，ゴールとして，「時間内に全員が５人以上にりんごの数を尋ねることができること」を求めます。そのためには「どこで」「誰と」学習してもよいことを伝え，学習を子どもたちに任せます。デジタル教材や音声教材，ALT の先生はゴールを達成するために活用してもよいことを伝えます。また，先生と ALT によるミニ会話を事前に打ち合わせして披露し，全体で練習してみるとスムーズに学習が進みます。

〈会話例〉

A：Hello.　　B：Hello.
A：My name is ～.　　B：My name is ～.
A：How many apples?　　B：〔自分がぬったりんごの数〕.
（交代する）
A：Thank you. Bye.　　B：Thank you. Bye.

	活動中に見える子どもの言動（例）	教師の声かけ・価値づけ（例）
課題Ⅱ	・男女同士でインタビューしている。	・「男女でインタビューしているね。誰とでも関わることができるのはいいことだね。」
	・相手の答えにうなずきながら聞いている。	・「うなずきながら聞いている人がいるね。ちゃんと聞いてもらえている感じがして，話しやすいだろうな。」
	・聞き取れなかったのでもう一度聞いている。	・「聞いたふりをしないで，友だちの答えをしっかり聞こうとすることはいいことだよ。」
	・「あと何人？　一緒にする？」	・「全員達成のために全体に声をかけていて，いいね。」
	・５人以上にインタビューしている。	・「５人終わったのに，まだインタビューしている人がいるよ。意欲的だね。」
	・同じ数の友だちを見つけて喜んでいる。	・「同じ数の友だちが見つかるとうれしいね。同じ数をぬった人は何人いるかな？」

④ふりかえり≪５分≫　（※本書 p.11参照）

評価の文例

・相手に伝わるように工夫しながら，数を尋ねたり答えたりすることができた。（コミュニケーション）

4 I like blue.

すきなものをつたえよう

3年　　組（　　　　　　　　　）

めあて

全員が，“I like ～.” や “Do you like ～?” という表現《ひょうげん》を使って，自分のすきなものを相手に伝えたり，たずねたりすることができる。

手立て

“Let's Try! 1” 17ページ・デジタル教材《きょうざい》・音声教材・ALT の先生・タブレット PC

すること

Ⅰ 「Activity ②」を読み，自分のすきなものを５人以上に伝える。

ゴール

A　10人以上に，自分のすきなものを伝えることができた。

B　５人以上に，自分のすきなものを伝えることができた。

C　時間内に終わらなかった。

ふりかえり

①学習面について　　**ゴール　A　　B　　C**

今日わかったことやできるようになったこと，感想を学習した言葉を使って書きましょう。

②行動面について　**A みんなのために行動できた　B みんなのために行動できなかった**

次，みんなができるためにがんばることを書きましょう。

ねらい “I like ～.” や “Do you like ～?” という表現を使って，自分の好きなものを伝えたり，尋ねたりすることができるようになる。（4／4時間）

☺ 授業の流れと声かけのポイント ☺

①はじめの語りとめあての説明≪５分≫

本時のめあてとして，“I like ～.” という表現を使って自分の好きなものを伝えたり，“Do you like ～?” という表現を使って友だちの好きなものを聞いたりすることを伝えます。そして，「時間内に全員が５人以上に自己紹介できること」を求めます。そのためには「どこで」「誰と」学習してもよいことを伝え，学習を子どもたちに任せます。デジタル教材や音声教材，ALT の先生はゴールを達成するために活用してもよいことも伝えます。

先生と ALT による簡単な手本をみんなに見せ，全体で練習してみるとスムーズに学習が進みます。

〈会話例〉

T：Hi, ○○. Do you like blue?　　A：Yes, I do. I like blue. How about you?
T：Me, too. I like blue, too.
A：Do you like baseball?　　T：No, I don't. I like soccer. How about you?
A：I like baseball.

こういったミニ会話を ALT と事前に打ち合わせして披露してみるのもよいでしょう。また，子どもが好きなものをしっかり伝えられるようにするために，語りの後に10分ほど，子どもにメモ（台本）をとらせる時間をつくるとよいでしょう。

②課題Ⅰ（子ども主体：『学び合い』）≪35分≫

	活動中に見える子どもの言動（例）	教師の声かけ・価値づけ（例）
課題Ⅰ	・男女同士でコミュニケーションしている。	・「男女でコミュニケーションしているね。誰とでも関わることができるのはいいことだね。」
	・相手の答えにうなずきながら聞いている。	・「うなずきながら聞いている人がいるね。ちゃんと聞いてもらえている感じがして，話しやすいだろうな。」
	・聞き取れなかったのでもう一度聞いている。	・「聞いたふりをしないで，友だちの答えをしっかり聞こうとすることはいいことだよ。」
	・「あと何人？　一緒にする？」	・「全員達成のために全体に声をかけていて，いいね。」
	・５人以上に自分の好きなものを伝えている。	・「５人終わったのに，まだ自分の好きなものを伝えている人がいるよ。意欲的だね。」
	・インターネットで他の表現方法を検索している。	・「タブレットを使って，他の表現方法を調べているね。賢いな～。」

③ふりかえり≪５分≫　（※本書 p.11参照）

評価の文例

・“I like ～.” や “Do you like ～?” という表現を使って相手とやりとりすることができた。（コミュニケーション）

5 What do you like?

友だちのすきなものをたずねよう

3年　　組（　　　　　　　　　　　）

めあて

全員が，すきなものをたずねたり，答えたりすることができる。

手立て

"Let's Try! 1" 21ページ・デジタル教材《きょうざい》・音声教材・ALT の先生

すること

Ⅰ　21ページ「Activity ②」の表の１段目に，３つ目の質問《しつもん》として，相手にたずねるものを一つ書く。２段目に自分の答えを書く（日本語でなくても OK)。

Ⅱ　５人以上（男女各１人以上）にすきなものをたずね，自分の表に相手の名前と回答を書いたり，相手の質問に答えたりする。

ゴール

A　10人以上にすきなものをたずねたり，答えたりすることができた。

B　５人以上にすきなものをたずねたり，答えたりすることができた。

C　時間内に終わらなかった。

ふりかえり

①学習面について　　**ゴール　A　B　C**

今日わかったことやできるようになったこと，感想を学習した言葉を使って書きましょう。

②行動面について　**A みんなのために行動できた　B みんなのために行動できなかった**

次，みんなができるためにがんばることを書きましょう。

ねらい 好きなもの(食べ物，色など)を尋ねたり，答えたりすることができる。（４／４時間）

授業の流れと声かけのポイント

①はじめの語りとめあての説明≪５分≫

先生や友だちとあいさつをした後，今日のめあてを伝えます。

②課題Ⅰ・Ⅱ（子ども主体：『学び合い』）≪35分≫

活動の説明として，好きなものをインタビューすることを伝えます。そして，この時間のゴールとして，「時間内に全員が５人以上に好きなものを尋ねたり，答えたりできること」を求めます。そのためには「どこで」「誰と」学習してもよいことを伝え，“What ○○ do you like?”とその答え方の練習をした後，活動を子どもたちに任せます。３つ目の質問項目はみんなが答えられそうなものにすること，“I like ○○.”の○○が英語で何と言うかわからない場合は日本語でもよしとしますが，友だちに聞いたり，デジタル教材を活用したり，先生やALTに聞いたりして挑戦してみることを勧めましょう。

〈会話例〉

A：Hello.	B：Hello.
A：What food do you like?	B：I like orange.
A：What color do you like?	B：I like red.
A：What sport do you like?	B：I like soccer.（交代する）
A：Thank you. Bye.	B：Thank you. Bye.

	活動中に見える子どもの言動（例）	教師の声かけ・価値づけ（例）
課題Ⅱ	・「最後の質問どうしよう。」「私は動物にしたよ。」	・「迷っているときに，自分はこうしたよって言ってもらえると参考になるよね。」
	・「へ～○○さん，○○が好きなんだー！」	・「いろんな人とやると，いろんな人の好きなものが知れるね。」
	・男女で取り組んでいる。	・「男女関係なく，誰とでも一緒にできるってすばらしいね。」
	・誰に声をかけようかときょろきょろしている。	・「誰に声をかけようか，迷っている人がいるよ。どうしたらいいかな？」 （教師の声かけ後，子ども同士が声かけをしたら） 「ちゃんと迷っている子にも声かけできたね。そうやって誰にでもやさしくできるのは最高だね。」

③ふりかえり≪５分≫　（※本書 p.11参照）

評価の文例

・好きなものを尋ねたり，答えたりする表現に慣れ親しむことができた。（慣れ親しみ）
・相手に伝わるように工夫しながら，何が好きか尋ねたり答えたりできた。（コミュニケーション）

6 ALPHABET

アルファベットビンゴをしよう

3年　組（　　　　　　　　　　）

めあて

全員が，友だちからカードをもらい，ビンゴすることができる。

手立て

“Let's Try! 1” 22～25ページ・デジタル教材《きょうざい》・音声教材・ALTの先生

すること

Ⅰ　アルファベットの大文字でビンゴを作る。 ※ワークシートに書きましょう。

Ⅱ　友だちからカードをもらい，ビンゴをめざす。

ゴール

A　３ライン以上ビンゴすることができた。

B　１ライン以上ビンゴすることができた。

C　時間内に終わらなかった。

ふりかえり

①学習面について　　ゴール　A　B　C

今日わかったことやできるようになったこと，感想を学習した言葉を使って書きましょう。

②行動面について　A みんなのために行動できた　B みんなのために行動できなかった

次，みんなができるためにがんばることを書きましょう。

ねらい 全員が，友だちと交流しながらアルファベットに慣れ親しむことができる。

（５／５時間）

☺ 授業の流れと声かけのポイント ☺

①はじめの語りとめあての説明≪５分≫

先生や友だちとあいさつをした後，今日のめあてを伝えます。

②課題Ⅰ・Ⅱ（子ども主体：『学び合い』）≪35分≫　※ワークシート（本書 p.28参照）

活動の説明として，①アルファベットビンゴを作ること，②友だちからアルファベットカードをもらいながらビンゴを目指すことを伝えます。アルファベットカードは好きなカードを一人５枚持たせます。そして，この時間のゴールとして「時間内に全員が，友だちからカードをもらい，ビンゴできること」を求めます。

そのためには「どこで」「誰と」学習してもよいことを伝え，アルファベットの名前やカードの受け渡しの言い方の練習をした後，活動を子どもたちに任せます。もし，途中でわからなくなったら，友だちに聞いたり，デジタル教材を活用したり，必要に応じて先生や ALT に聞いてもよいことも伝えておきましょう。

〈会話例〉

A：Hello.　　B：Hello.

A：The “A” card, please.

B：【持っていたら】Here you are.　　B：【持っていなかったら】Sorry.

A：Thank you.

（交代する）

A：Thank you. Bye.　　B：Thank you. Bye.

	活動中に見える子どもの言動（例）	教師の声かけ・価値づけ（例）
課題Ⅰ	・「何のアルファベットにしようかな。」「22ページと23ページに全部載っているよ。」 ・「Rがうまく書けないなぁ。」「こうやって書くんだよ。」	・「なるほど。22ページと23ページを見るとわかりやすいんだね。」 ・「うまく書けるコツを教えてあげている人がいるね。キレイに書けると嬉しいよね。」
課題Ⅱ	・「あとＫでビンゴだ。」「○○ちゃんが持っていたよ。」 ・「誰かＡ持ってる人一緒にやろう。」「いいよ。」 ・「もうビンゴしたけどまだやろう。」	・「誰が何のカードを持っているか教え合えば早くビンゴできるね。」 ・「自分から誰とでも協力できていてすばらしいね。自分から助けを呼ぶことってすごく大事だよね。」 ・「意欲的だね！　いっぱい練習できていいよね。」

③ふりかえり≪５分≫　（※本書 p.11参照）

評価の文例

・大文字とその読み方に慣れ親しむことができた。（慣れ親しみ）

・“The ○ card, please.” “Here you are.” を使って，カードの交換ができた。（コミュニケーション）

7 This is for you.

グリーティングカードをおくろう

3年　組（　　　　　　　　　　）

めあて

全員が，グリーティングカードを作り，紹介《しょうかい》することができる。

手立て

“Let's Try! 1”29ページ・デジタル教材《きょうざい》・音声教材・ALT の先生

すること

Ⅰ　友だちからいろいろな形のパーツをもらい，グリーティングカードを作る。

Ⅱ　３人以上にグリーティングカードを紹介し，サインをもらう。

ゴール

A　５人以上に，グリーティングカードを紹介することができた。

B　３人以上に，グリーティングカードを紹介することができた。

C　時間内に終わらなかった。

ふりかえり

①学習面について　　**ゴール　A　B　C**

今日わかったことやできるようになったこと，感想を学習した言葉を使って書きましょう。

②行動面について　**A みんなのために行動できた　B みんなのために行動できなかった**

次，みんなができるためにがんばることを書きましょう。

ねらい いろいろな形のパーツを集め，グリーティングカードを作り紹介することができる。

（５／５時間）

☺ 授業の流れと声かけのポイント ☺

①はじめの語りとめあての説明≪５分≫

先生や友だちとあいさつをした後，今日のめあてを伝えます。誰にカードをおくるか決めさせます。

②課題Ⅰ（子ども主体：班活動）≪20分≫

班で机をくっつけます。グループごとに様々な色と形のパーツを配り，班の中でもハートの人，星の人，丸の人など，形の担当をつけます。誰が何を持つかは子どもは決められず，先生に渡されるものとします。パーツをもらう会話の練習をした後，班の中でパーツをもらう会話をしながらグリーティングカードを作ります。終わった人から課題Ⅱに入らせましょう。

〈会話例〉

A：Hello.　　B：Hello.

A：The red star, please.　　B：Here you are.

A：Thank you.

③課題Ⅱ（子ども主体：『学び合い』）≪15分≫

活動の説明として，“This is for ○○.”を使って，「時間内に全員が３人以上にグリーティングカードを紹介できること」を求めます。そのためには「どこで」「誰と」学習してもよいことを伝え，“good!”や“nice”などの表現を練習した後，活動を子どもに任せます。もし，途中でわからなくなったら，友だちに聞いたり，デジタル教材を活用したり，必要に応じて先生やALTに聞いてもよいことも伝えておきましょう。

〈会話例〉

A：Hello.　　B：Hello.

A：This is for my mother.

It's two pink hearts and three yellow stars.　　B：Nice.

（交代する）

A：Thank you. Bye.　　B：Thank you. Bye.

	活動中に見える子どもの言動（例）	教師の声かけ・価値づけ（例）
課題Ⅱ	・「○○さん，一緒にしよう。」 ・「もうできた？　紹介聞いてもらっていい？」 ・「ごめん，もう一回言って。」 ・「あと何人？　紹介聞くよ。」	・「始まってすぐに声かけしているね。意欲的だね。」 ・「友だちのやっていることをじゃましないような聞き方だね。」 ・「友だちの紹介をきちんと聞こうとしているね。いいことだよ。」 ・「みんなができるために行動できているね。自分が終わっても，いっぱい聞いてあげるとみんなのためになるね。」

④ふりかえり≪５分≫　（※本書 p.11参照）

評価の文例

・自分の欲しいパーツを伝え合い，交換することができた。（コミュニケーション）

・相手に伝わるように工夫しながら，自分の作品を紹介していた。（コミュニケーション）

8 What's this?

オリジナルクイズをしよう

3年　　組（　　　　　　　　　　　　　　）

めあて

全員が，オリジナルクイズを考え，クイズを出し合うことができる。

手立て

"Let's Try! 1" 32〜33ページ・デジタル教材《きょうざい》・音声教材・ALT の先生

すること

Ⅰ　「Activity」の例を見て，オリジナルクイズを２つ以上作る。
　※ワークシートに書きましょう。

Ⅱ　作ったクイズを３人以上の人に出す。

ゴール

A　５人以上とクイズをすることができた。

B　３人以上とクイズをすることができた。

C　時間内に終わらなかった。

ふりかえり

①学習面について　　**ゴール　A　B　C**

今日わかったことやできるようになったこと，感想を学習した言葉を使って書きましょう。

②行動面について　**A みんなのために行動できた　B みんなのために行動できなかった**

次，みんなができるためにがんばることを書きましょう。

ねらい “What's this?” を使ってクイズを出したり答えたりすることができる。（５／５時間）

☺ 授業の流れと声かけのポイント ☺

①めあての説明≪５分≫

先生や友だちとあいさつをした後，今日のめあてとゴールを伝えます。

②課題Ⅰ（教師主導：一斉）≪15分≫

教材の例を参考に，オリジナルクイズを２題以上作ることを求めます。子どもがクイズを作りやすいよう，ヒントに使えそうな単語（色，形，種類など）を全体で確認しておきましょう。答えが英語で何と言うかわからない場合は日本語でもよしとしますが，なるべくみんながわかる英語で挑戦するように伝えます。もし，わからない場合は，となりの席の友だちに聞いたり，デジタル教材を活用したり，必要に応じて先生や ALT に聞いてもよいことも伝えておきましょう。

③課題Ⅱ（子ども主体：『学び合い』）≪20分≫　※ワークシート（本書 p.29参照）

この時間のゴールとして，「時間内に全員がオリジナルクイズを考え，３人以上にクイズを出し合うことができること」を求めます。そのためには「どこで」「誰と」学習してもよいことを伝え，学習を子どもたちに任せます。子どもたちが活動しやすいよう，クイズの会話例を先生と ALT で示し，全体でも練習しておきましょう。

〈会話例〉

Ａ：Hello.　　　　　　　Ｂ：Hello.
Ａ：〈Hint １〉A fruit.　〈Hint ２〉Yellow.　〈Hint ３〉Monkey.
Ｂ：It's a banana.
Ａ：That's right.
（交代する）
Ａ：Thank you. Bye.　　Ｂ：Thank you. Bye.

	活動中に見える子どもの言動（例）	教師の声かけ・価値づけ（例）
課題Ⅱ	・「私のと同じ答えの問題だ。」 ・「わからないよ～。」「じゃあヒント：〇〇」 ・「あと何人？　一緒にやる？」	・「同じ答えでもいろいろなヒントがあるね。」 ・「友だちがわかるまで一生懸命ヒントを出している人がいるね。クイズが盛り上がるね。」 ・「自分が終わっても友だちのために動けている人がいるね。すばらしいね。」
	・ジェスチャーを使って伝えている。 ・“Thank you. Bye.” と笑顔で言っている。	・「ジェスチャーをすると相手に伝わりやすいね。」 ・「笑顔でコミュニケーションすると気持ちいいね。」

④ふりかえり≪５分≫　（※本書 p.11参照）

評価の文例

・クイズを出したり答えたりすることを通して，“What's this?” の表現に慣れ親しむことができた。（慣れ親しみ）
・相手に伝わるように工夫しながら，クイズを出したり答えたりしようとしていた。（コミュニケーション）

9 Who are you?

物語の動物になりきろう！

3年　　組（　　　　　　　　　　　　）

めあて

全員が，物語の動物になりきって，セリフを話すことができる。

手立て

“Let's Try! 1” 34～40ページ・デジタル教材《きょうざい》・音声教材・ALTの先生

すること

Ⅰ　自分の演じる動物になりきり，３人以上の人から合格《ごうかく》のシールをもらう。
Ⅱ　劇《げき》を全体で発表する。

ゴール

A　動物になりきり，何も見ずにセリフを話すことができた。
B　動物になりきり，セリフを話すことができた。
C　セリフを話すことができなかった。

ふりかえり

①学習面について　　ゴール　A　B　C

今日わかったことやできるようになったこと，感想を学習した言葉を使って書きましょう。

②行動面について　A みんなのために行動できた　B みんなのために行動できなかった

次，みんなができるためにがんばることを書きましょう。

ねらい 物語の動物になりきり，相手に伝わるようにまねてセリフを話すことができる。

（５／５時間）

☺ 授業の流れと声かけのポイント ☺

①めあての説明，役決め≪10分≫

先生や友だちとあいさつをした後，今日のめあてを伝えます。誰が何の役をするかを決めます。配役の人数は，キツネのセリフが多いため，キツネをシーンごとに分けたり，クラスの人数が多い場合は２グループに分けるなど調整しましょう。子どもたちには英語の学習の一環であることを伝え，ここで時間をかけないようにしましょう。

②課題Ⅰ（子ども主体：『学び合い』）≪20分≫

活動の説明として，自分のセリフをスラスラ言えるように練習し，３人以上の人に見てもらい，合格のシールを教材の自分のセリフの部分に貼ってもらうことを伝えます。劇のグループに分けた場合でも，グループにこだわらずなるべくいろいろな人と関わることを求めましょう。そして，「時間内に全員が，物語の動物になりきって，セリフを話せるようになること」を求めます。そのためには「どこで」「誰と」学習してもよいことを伝え，学習を子どもたちに任せます。

子どもたちが，物語の動物のセリフをまねて練習できるよう，音声教材を豊富に用意しておきましょう。

もし，途中でわからなくなったら，友だちに聞いたり，デジタル教材を活用したり，必要に応じて先生や ALT に聞いてもよいことも伝えておきましょう。

	活動中に見える子どもの言動（例）	教師の声かけ・価値づけ（例）
課題Ⅰ	・「○○さん，このシーン一緒に練習しよう。」 ・「私たちここのシーン練習したから見ててくれる？」「もう少し声大きい方がいいかも。」	・「始まってすぐに声かけしているね。意欲的だね。」 ・「シーンで通して見てもらっている人もいるね。いい練習になるね。」「アドバイスをもらえると，もっとよくなるね。」

③課題Ⅱ（教師主導：一斉）≪10分≫

物語を通して劇を発表します。子どもが緊張して劇が止まった場合は，子ども同士や教師がフォローするようにしましょう。

④ふりかえり≪５分≫　（※本書 p.11参照）

評価の文例

・セリフをまねて覚えることで，既習の英語表現に慣れ親しむことができた。（慣れ親しみ）

・物語の動物になりきり，相手に伝わるようにセリフをまねて言おうとしていた。（コミュニケーション）

・劇が成功するように，いろいろな人と協力したり，工夫して表現したりすることができた。（コミュニケーション）

アルファベットビンゴをしよう

3年　　組（　　　　　　　　　　）

ワークシート

オリジナルクイズをしよう

３年　　組（　　　　　　　　　　　）

①クイズを考えよう！

答え	ヒント①	ヒント②	ヒント③

②クイズを友だちと出し合って，サインをもらおう！

サイン

第２章

主体的・対話的で
深い学びを実現する！
外国語活動『学び合い』
活動モデル　４年

1 Hello, world!

世界のいろいろな言葉であいさつをしよう

4年　　組（　　　　　　　　　　）

めあて

全員が，友だちに世界のいろいろな言葉であいさつをすることができる。

手立て

“Let's Try! 2” 2～3ページ・デジタル教材・音声教材・ALTの先生

すること

Ⅰ　3ページ「Let's Listen ①」を聞き，どの国のあいさつかを聞いて，番号を□に書く。

Ⅱ　2～3ページの世界のいろいろな言葉で10人以上にあいさつをする。

ゴール

A　15人以上にあいさつをすることができた。

B　10人以上にあいさつをすることができた。

C　時間内に終わらなかった。

ふりかえり

①学習面について　　**ゴール　A　B　C**

今日わかったことやできるようになったこと，感想を学習した言葉を使って書きましょう。

②行動面について　**Aみんなのために行動できた　Bみんなのために行動できなかった**

次，みんなができるためにがんばることを書きましょう。

ねらい 世界のいろいろな言葉で友だちにあいさつをすることができる。　（2／4時間）

☺ 授業の流れと声かけのポイント ☺

①めあての説明≪5分≫

先生やALT，友だちとあいさつをした後，本日のめあてとゴールを伝えます。

②課題Ⅰ（教師主導：一斉）≪15分≫

「Let's Listen①」の音声を聞いて，どの国のあいさつかを考え，□に番号を記入させます。一度で聞き取れない場合は，何度か繰り返すこと，聞き取れたあいさつだけでも番号を記入することを伝えます。

③課題Ⅱ（子ども主体：『学び合い』）≪20分≫

活動の仕方を，先生とALTが手本として子どもたちに実践して見せ，練習をします。その後，活動を子どもたちに任せます。ただし，「時間内に全員が10人以上に，世界のいろいろな言葉であいさつすることができること」を求めます。そのためには「どこで」「誰と」学習してもよいことを伝え，学習を子どもたちに任せます。もし途中で言い方がわからないあいさつがあったら，友だちに聞いたり，必要に応じて先生やALTに聞いたりしてもよいことを伝えます。

〈会話例〉

A：Hello, B.　　B：Selamat siang, A.

	活動中に見える子どもの言動（例）	教師の声かけ・価値づけ（例）
課題Ⅱ	・「一緒にしよう。」	・「一緒にしようって声かけがいいね。誘ってもらえると嬉しくなるね。」
	・男女であいさつをしている。	・「男女でインタビューしているね。誰とでも関わることができるのはいいね。」
	・笑顔で友だちにあいさつをしている。	・「笑顔であいさつをすると気持ちがいいね。」
	・言い方がわからないあいさつを，友だちに確認している。	・「わからないことをそのままにしないで，友だちに聞くことは，いいことだよ。」
	・聞き取れていなかったのでもう一度聞いている。	・「友だちの答えをしっかりと聞こうとすることはいいことだよ。」
	・「あと何人？　一緒にする？」	・「まだ終わっていない人にやさしく聞いてあげるのもいい行動だね。」
	・10人以上にあいさつをしている。	・「10人終わったのに，まだあいさつをしている人がいるよ，さすがだね。」

④ふりかえり≪5分≫　（※本書p.11参照）

評価の文例

・友だちのあいさつを聞いたり，友だちにあいさつをしたりすることができた。（コミュニケーション）

4年

2 Let's play cards.

友だちをさそおう

4年　　組（　　　　　　　　　　　　　）

めあて

全員が，“Let's 〜.”を使って，友だちを遊びにさそうことができる。

手立て

“Let's Try! 2” 8ページ・デジタル教材・音声教材・ALTの先生

すること

Ⅰ　8ページ「Let's Listen ①」を聞き，だれがどんな天気でどんな遊びをするかを聞いて，線でむすぶ。

Ⅱ　“Let's 〜.”を使って，10人以上を遊びにさそう。

ゴール

A　15人以上を遊びにさそうことができた。

B　10人以上を遊びにさそうことができた。

C　時間内に終わらなかった。

ふりかえり

①学習面について　　**ゴール　A　　B　　C**

今日わかったことやできるようになったこと，感想を学習した言葉を使って書きましょう。

②行動面について　**Aみんなのために行動できた　Bみんなのために行動できなかった**

次，みんなができるためにがんばることを書きましょう。

ねらい “Let's ～.” を使って友だちを遊びに誘うことができる。　（４／７時間）

☺ 授業の流れと声かけのポイント ☺

①めあての説明≪５分≫

先生や ALT，友だちとあいさつをした後，本日のめあてとゴールを伝えます。

②課題Ⅰ（教師主導：一斉）≪15分≫

「Let's Listen ①」でそれぞれの人物が話す音声を聞き，誰がどんな天気でどんな遊びをするかを聞いて線で結ばせます。一度で聞き取れない場合は，何度か繰り返すことや，聞き取れたことだけでもよいことを伝えます。本活動前に，先生と ALT が遊びのジュスチャーをし，それが何かを子どもたちに考えさせるなどして，子どもたちに様々な遊びの言い方に出会わせておきます。

③課題Ⅱ（子ども主体：『学び合い』）≪20分≫

遊びの誘い方を，手本として子どもたちに見せ，練習をします。その後，活動を子どもたちに任せます。ただし，「時間内に全員が10人以上を遊びに誘うことができること」を求めます。そのためには「どこで」「誰と」学習してもよいことを伝え，学習を子どもたちに任せます。もし途中で遊びの言い方，誘い方や答え方がわからなくなったら，友だちに聞いたり，必要に応じて先生や ALT に聞いたりしてもよいことも伝えます。

〈会話例〉

A：Hello, B.　　B：Hello, A.
A：Let's play tag outside.　　B：Yes, let's. / Sorry.
（遊びに誘ったら，交代する）
A：Thank you.　　B：Thank you.

	活動中に見える子どもの言動（例）	教師の声かけ・価値づけ（例）
課題Ⅱ	・男女で遊びの誘い合いをしている。	・「男女で誘い合っているね。誰とでも関わることができるのはいいね。」
	・笑顔で友だちにあいさつをしている。	・「笑顔であいさつをすると気持ちがいいね。」
	・遊びの誘い方がわからないので，友だちに確認している。	・「わからないことをそのままにしないで，友だちに聞くことは，いいことだよ。」
	・聞き取れていなかったのでもう一度聞いている。	・「友だちの答えをしっかりと聞こうとすることはいいことだよ。」
	・「あと何人？　一緒にする？」	・「まだ終わっていない人にやさしく聞いてあげるのもいい行動だね。」
	・10人以上を遊びに誘っている。	・「10人終わったのに，まだ誘い続けている人がいるよ，さすがだね。」

④ふりかえり≪５分≫（※本書 p.11参照）

評価の文例

・友だちを遊びに誘ったり，友だちから遊びに誘われたときに答えたりすることができた。（コミュニケーション）

3 I like Mondays.

一週間の予定を伝えよう

4年　　組（　　　　　　　　　　　　　）

めあて

全員が，一週間の予定を入れて曜日クイズを出したり，答えたりすることができる。

手立て　“Let's Try 2”12～13ページ・デジタル教材・音声教材・ALTの先生

すること

Ⅰ　12～13ページ「Let's Play」を読み，一週間の予定を書く。

Ⅱ　曜日クイズのしかたをかくにんして，練習する。

Ⅲ　一週間の予定を５人以上（男女各２人以上）に聞いてもらい，曜日クイズを出して答えてもらう。クイズにせいかいできていればサインする。もし，まちがっていれば一週間の予定を見てもらいながら，もう一度クイズを出して答えてもらう。

ゴール

A　10人以上に一週間の予定を伝え，曜日クイズを出すことができた。

B　５人以上に一週間の予定を伝え，曜日クイズを出すことができた。

C　時間内に終わらなかった。

ふりかえり

①学習面について　　**ゴール　A　B　C**

今日わかったことやできるようになったこと，感想を学習した言葉を使って書きましょう。

②行動面について　**Aみんなのために行動できた　Bみんなのために行動できなかった**

次，みんながてきるためにがんばることを書きましょう。

ねらい 一週間の予定を入れて曜日クイズを出したり，答えたりすることができる。

（3／6時間）

☺ 授業の流れと声かけのポイント ☺

①はじめの語りとめあての説明≪7分≫

一週間の予定を入れた曜日クイズを5人以上に出すことが本時のゴールであることを伝えます。そして，「時間内に全員が達成できること」を求めます。そのためには「どこで」「誰と」学習してもよいことを伝え，学習を子どもたちに任せます。デジタル教材や音声教材，ALTの先生はめあてを達成するために，必要に応じて使ってもよいことを伝えておきます。

学習前に，先生が一週間の予定を伝え，子どもたちに曜日クイズを出して，曜日の尋ね方や動作を表す語句の言い方に充分慣れさせます。

〈会話例〉

A：I play with my friends on Mondays.
I study English on Tuesdays.
I study math on Wednesdays.
I play soccer on Thursdays.
I go swimming on Fridays.
I go shopping on Saturdays.
I watch TV on Sundays.
Now, I have a question.
Today, I study math. What day is it today?　B：It's Wednesday.

②課題Ⅰ・Ⅱ・Ⅲ（子ども主体：『学び合い』）≪33分≫

	活動中に見える子どもの言動（例）	教師の声かけ・価値づけ（例）
課題Ⅰ	・一週間の予定をすぐに書いている。 ・予定を1つ以上書いている。	・「一週間の予定をもう書き終わったんだね。すぐに活動に取りかかれるのはすごいね。」 ・「1つ以上予定を書いている人もいるよ。いっぱい伝えたいことがあるんだね。」
課題Ⅱ	・自分が伝えたいことの言い方をALTに聞いている。 ・友だちに曜日クイズを出す前に何度も口に出して練習している。	・「言い方がわからないことはちゃんと聞きに行っているのがいいね。しっかり練習して言えるようになろうね。」 ・「クイズを出す前にちゃんと練習するのはいいことだね。練習すればするほど，上手になるよ。」
課題Ⅲ	・「曜日クイズやろう。」 ・相手の目を見て曜日クイズを出している。 ・曜日クイズに正解した。	・「自分から声かけしているね。さすがだね。」 ・「相手の目を見てクイズを出せているね。アイコンタクトができているね。さすがだよ。」 ・「クイズに正解したんだ。一週間の予定をしっかりと聞くことができたね。」

③ふりかえり≪5分≫　（※本書 p.11参照）

評価の文例

・一週間の予定を伝え，曜日クイズを出すことができた。（コミュニケーション）
・あいづちをうったり，アイコンタクトをしたり，相手の一週間の予定にリアクションをとることができた。（コミュニケーション）

4年

4 What time is it?

好きな時刻《じこく》とその理由を伝えよう

4年　　組（　　　　　　　　　　　　）

めあて

全員が，“I like ～.”という表現を使って，好きな時刻とその理由をたずねたり，答えたりすることができる。

手立て

“Let's Try! 2”16～17ページ・デジタル教材・音声教材・ALT の先生

すること

Ⅰ　16ページ「Let's Listen」の時刻を聞いて，時計を完成《かんせい》させる。

Ⅱ　17ページ「Activity」を行い，好きな時刻とその理由を５人以上にインタビューする。

ゴール

A　10人以上に，好きな時刻とその理由をインタビューすることができた。

B　５人以上に，好きな時刻とその理由をインタビューすることができた。

C　時間内に終わらなかった。

ふりかえり

①学習面について　　**ゴール　A　　B　　C**

今日わかったことやできるようになったこと，感想を学習した言葉を使って書きましょう。

②行動面について　**A みんなのために行動できた　B みんなのために行動できなかった**

次，みんなができるためにがんばることを書きましょう。

ねらい　“I like ～.” という表現を使って，好きな時刻とその理由を尋ねたり，答えたりすることができる。（4／4時間）

☺ 授業の流れと声かけのポイント ☺

①めあての説明≪5分≫
先生や友だちとあいさつをした後，今日のめあてとゴールを伝えます。

②課題Ⅰ（教師主導：一斉）≪15分≫
「Let's Listen」のそれぞれの人物が話す音声を聞き，時計を完成させます。一度で聞き取れない場合は，何度か繰り返したり，聞き取れたことだけでもよいことを伝えましょう。

③課題Ⅱ（子ども主体：『学び合い』）≪20分≫
インタビューの仕方を，手本として子どもたちに見せ，練習をします。その後，活動を子どもたちに任せます。ただし，「時間内に全員が5人以上にインタビューできること」を求めます。そのためには「どこで」「誰と」学習してもよいことを伝え，学習を子どもたちに任せます。もし途中でインタビューの仕方や答え方がわからなくなったら，友だちに聞いたり，必要に応じて先生やALTに聞いてもよいことを伝えます。

〈会話例〉

A：Hello.　　B：Hello.
A：My name is ～.　　B：My name is ～.
A：I like〔8 a.m.〕.（好きな時間を入れる）　　B：Why?
A：It's〔“Breakfast time”〕.〔Yammy〕.（好きな理由を述べる）
　How about you?（相手に聞き返す。Bの人が答える）
A：Thank you.　　B：Thank you.

	活動中に見える子どもの言動（例）	教師の声かけ・価値づけ（例）
課題Ⅱ	・「一緒にしよう。」	・「一緒にしようっていう声かけがいいね。誘ってもらえると嬉しいね。」
	・男女でインタビューしている。	・「男女でインタビューしているね。誰とでも関わることができるのはいいね。」
	・相手の答えにうなずきながら聞いている。	・「うなずきながら聞いている人がいるね。ちゃんと聞いてもらえている感じがして，話しやすいね。」
	・何と言うか忘れた友だちに対して，アドバイスをしている。	・「友だちがきちんと答えられるように言い方のアドバイスをしているね。やさしいね。」
	・聞き取れなかったのでもう一度聞いている。	・「聞いたふりをしないで，聞き取れるまで聞こうとしているね。友だちの答えをしっかり聞こうとすることはいいことだよ。」
	・「あと何人？　一緒にする？」	・「まだ終わっていない人にやさしく聞いてあげるのもいい行動だね。」
	・5人以上にインタビューしている。	・「5人終わったのに，まだインタビューしている人がいるよ。意欲的だね。」

④ふりかえり≪5分≫（※本書 p.11参照）

評価の文例

・あいづちをうちながら，友だちの好きな時刻や理由を尋ねられた。（コミュニケーション）
・友だちの好きな時刻や理由を聞いたり，自分の好きな時刻や理由を伝えたりすることができた。（コミュニケーション）

4年

5 Do you have a pen?

友だちのための文房具《ぶんぼうぐ》セットを紹介《しょうかい》しよう

4年　　組（　　　　　　　　　　）

めあて

全員が，“I have ～.”“Do you have ～?”という表現を使って，友だちのために作った文房具セットを紹介することができる。

手立て

“Let's Try! 2”21ページ・ワークシート・文房具カード・デジタル教材・音声教材・ALTの先生

すること

Ⅰ　21ページ「Let's Play ②」を見て，友だちのために文房具セットを作る。

Ⅱ　だれのためにどのようなセットを作ったかの紹介文を作る。

Ⅲ　自分が作った紹介文を５人以上（男女各２人以上）に聞いてもらい，正しく紹介ができていればサインをもらう。もし，まちがっていればアドバイスをもらって言いなおす。

ゴール

A　10人以上に，友だちのために作った文房具セットを正しく紹介することができた。

B　５人以上に，友だちのために作った文房具セットを正しく紹介することができた。

C　時間内に終わらなかった。

ふりかえり

①学習面について　　**ゴール　A　B　C**

今日わかったことやできるようになったこと，感想を学習した言葉を使って書きましょう。

②行動面について　**Aみんなのために行動できた　Bみんなのために行動できなかった**

次，みんなができるためにがんばることを書きましょう。

ねらい 文房具セットを作り，紹介することができる。　（３／４時間）

☺ 授業の流れと声かけのポイント ☺

①はじめの語りとめあての説明≪５分≫

教科書をもとに，自分が作った文房具セットを５人以上に紹介することが本時のゴールであることを伝えます。そして，「時間内に全員が達成できること」を求めます。そのためには「どこで」「誰と」学習してもよいことを伝え，学習を子どもたちに任せます。デジタル教材や音声教材，ALT の先生はめあてを達成するための必要に応じて使ってもよいことも伝えておきます。

自己紹介の仕方は，手本を見せ簡単にみんなで練習するとスムーズに学習が進みます。

〈会話例〉

A：Hello.　　B：Hello.
A：My name is ～.　　B：My name is ～.
A：Look. This is for ○○. I have ～.
（誰のためにどのようなセットを作ったかを紹介したら交代する）
A：Thank you. Bye.　　B：Thank you. Bye.

②課題Ⅰ・Ⅱ・Ⅲ（子ども主体：『学び合い』）≪35分≫

	活動中に見える子どもの言動（例）	教師の声かけ・価値づけ（例）
課題Ⅰ	・誰のためにどのようなセットを作るかを明確にして，文房具セットを作ることができている。	・「文房具セットを作れたね。」
	・紹介文を１文でも書けている。	・「１つ以上書いている人もいるね。いっぱい伝えたいことがあるんだね。」
課題Ⅱ	・自分が友だちのために選んだものの言い方を ALT に聞いている。	・「言い方がわからないことはちゃんと聞きに行っているのがいいね。しっかり練習して言えるようになろうね。」
	・友だちに紹介する前に何度も口に出して練習している。	・「紹介する前にちゃんと練習するのはいいことだね。練習すればするほど，上手になるよ。」
課題Ⅲ	・“Hello.” のときに，手のジェスチャーをしている。	・「あいさつのときに手でジェスチャーしているのもいいね。」
	・「紹介文聞こうか？」	・「終わっていない人のために自分から声かけをしているね。みんなのための行動だね。」
	・「名前言うの忘れているよ。」	・「名前忘れてるよってアドバイスしているね。間違っていることをきちんと教えてあげるのはいいことだね。」
	・相手の目を見て紹介文を言っている。	・「相手を見て紹介文が言えているね。アイコンタクトができているね。」

③ふりかえり≪５分≫　（※本書 p.11参照）

評価の文例

・誰のためにどんな文房具を作ったかについて，簡単な紹介をすることができた。（コミュニケーション）
・あいづちをうったり，アイコンタクトをしたり，相手の話にリアクションをとることができた。（コミュニケーション）

４年

6 Alphabet

アルファベットの文字について伝え合おう

4年　　組（　　　　　　　　　　　　）

めあて

全員が，“Do you have ～?”“I have ～.”という表現を使って，相手に配慮《はいりょ》しながらアルファベットの文字について伝え合うことができる。

手立て

“Let's Try! 2”25ページ・デジタル教材・音声教材・ALTの先生

すること

Ⅰ　25ページ「Activity ①」を行い，５つの看板や標示《ひょうじ》の中から１つえらび，ペアになって文字についてたずね合い，相手の看板や標示を考えて答える。

Ⅱ「Activity ②」を行い，10色の中から好きな色をえらんで５人以上（男女各２人以上）にインタビューし，相手の色を考えて答える。

ゴール

A　10人以上にインタビューしたり，答えたりすることができた。

B　５人以上にインタビューしたり，答えたりすることができた。

C　時間内に終わらなかった。

ふりかえり

①学習面について　　ゴール　A　B　C

今日わかったことやできるようになったこと，感想を学習した言葉を使って書きましょう。

②行動面について　A みんなのために行動できた　B みんなのために行動できなかった

次，みんながてきるためにがんばることを書きましょう。

ねらい　“Do you have ～?”“I have ～.”という表現を使って，好きなものを尋ねたり，答えたりすることができる。　（４／４時間）

☺ 授業の流れと声かけのポイント ☺

①めあての説明≪５分≫
先生や友だちとあいさつをした後，今日のめあてとゴールを伝えます。

②課題Ⅰ（教師主導：一斉）≪15分≫
ペア（ＡとＢ）になって，Ａは「Activity ①」の５つの標示から一つ選び，Ｂは“Do you have a ～?”と尋ね，Ａは選んだ標示にその文字が含まれているかどうかを“Yes, I do. / No, I don't.”で返答します。その答えをもとにＢは，Ａが選んだ標示は何かを考えて答えます。

③課題Ⅱ（子ども主体：『学び合い』）≪20分≫
「Activity ①」をもとにインタビューの仕方を確認し，「Activity ②」の活動を子どもたちに任せます。ただし，「時間内に全員が５人以上にインタビューできること」を求めます。そのためには「どこで」「誰と」学習してもよいことを伝え，学習を子どもたちに任せます。もし途中でインタビューの仕方や答え方がわからなくなったら，友だちに聞いたり，必要に応じて先生やALTに聞いてもよいことを伝えます。

〈会話例〉
Ａ：Hello.　　Ｂ：Hello.
Ａ：My name is ～.　　Ｂ：My name is ～.
Ａ：What is my favorite color?　　Ｂ：Do you have a “○”?
Ａ：Yes, I have. / No, I don't.　（Ａが選んだ色を当てられたら，交代する）
Ａ：Thank you.　　Ｂ：Thank you.

	活動中に見える子どもの言動（例）	教師の声かけ・価値づけ（例）
課題Ⅱ	・「一緒にしよう。」	・「一緒にしようっていう声かけがいいね。誘ってもらえると嬉しいね。」
	・男女でインタビューしている。	・「男女でインタビューしているね。誰とでも関わることができるのはいいね。」
	・相手の答えにうなずきながら聞いている。	・「うなずきながら聞いている人がいるね。ちゃんと聞いてもらえている感じがして，話しやすいね。」
	・何と言うか忘れた友だちに対して，アドバイスをしている。	・「友だちがきちんと答えられるように言い方のアドバイスをしているね。やさしいね。」
	・聞き取れなかったのでもう一度聞いている。	・「聞いたふりをしないで，聞き取れるまで聞こうとしているね。友だちの答えをしっかり聞こうとすることはいいことだよ。」
	・「あと何人？　一緒にする？」	・「まだ終わっていない人にやさしく聞いてあげるのもいい行動だね。」
	・５人以上にインタビューしている。	・「５人終わったのに，まだインタビューしている人がいるよ。意欲的だね。」

④ふりかえり≪５分≫　（※本書 p.11参照）

評価の文例

・“Do you have ～?”という表現を使って，友だちにアルファベットの文字を持っているか聞くことができた。（コミュニケーション）
・“I have ～.”という表現を使って，自分の持っているものを伝えることができた。（コミュニケーション）

7 What do you want?

オリジナルピザを紹介《しょうかい》しよう

4年　　組（　　　　　　　　　　）

めあて

全員が，好きな「食べ物カード」を使って，オリジナルピザを紹介することができる。

手立て

“Let's Try! 2”29ページ・“Let's Try! 2”巻末「食べ物カード」（※“How many ～?”の表現も使うことになるため，コピーしてたくさんあるとよい）・デジタル教材・オリジナルピザ用ワークシート・音声教材・ALTの先生

すること

Ⅰ　食べ物カードのもらい方，オリジナルピザの紹介のしかたを確認し，練習する。

Ⅱ　食べ物カードを５人以上からもらい，オリジナルピザを作るための具材を集める。

Ⅲ　考えたオリジナルピザを５人以上（男女各２人以上）に聞いてもらい，正しく紹介ができていればサインをもらう。もし，まちがっていればアドバイスをもらって言いなおす。

ゴール

A　10人以上に，オリジナルピザを紹介することができた。

B　５人以上に，オリジナルピザを紹介することができた。

C　時間内に終わらなかった。

ふりかえり

①学習面について　　**ゴール　A　B　C**

今日わかったことやできるようになったこと，感想を学習した言葉を使って書きましょう。

②行動面について　**Aみんなのために行動できた　Bみんなのために行動できなかった**

次，みんなができるためにがんばることを書きましょう。

ねらい オリジナルピザを紹介することができる。　（5／5時間）

☺ 授業の流れと声かけのポイント ☺

①はじめの語りとめあての説明≪5分≫

ワークシートをもとに，食べ物カードを使ってオリジナルピザを5人以上に紹介することが本時のゴールであることを伝えます。そして，「時間内に全員が達成できること」を求めます。そのためには「どこで」「誰と」学習してもよいことを伝え，学習を子どもたちに任せます。デジタル教材や音声教材，ALT の先生はめあてを達成するための必要に応じて使ってもよいことも伝えておきます。

〈会話例〉

【食べ物カードのもらい方】

A：Hello.　B：Hello.
A：My name is ～.　B：My name is ～.
A：What do you want?　B：I want ～, please.
A：OK. Here you are.　B：Thank you. Bye.
（必要な食べ物カードをもらったら交代する）

【オリジナルピザの紹介の仕方】

A：Hello.
This is my pizza.
I want onions. I want mushrooms.
I want sausages. I want tomatoes. I want pineapples.
I like my pizza.

②課題Ⅰ・Ⅱ・Ⅲ（子ども主体：『学び合い』）≪35分≫

	活動中に見える子どもの言動（例）	教師の声かけ・価値づけ（例）
課題Ⅰ	・自分が選んだ食べ物の言い方をALT に聞いている。	・「言い方がわからないことはちゃんと聞きに行っているのがいいね。しっかり練習して言えるようになろうね。」
課題Ⅱ	・まだもらっていない人を探している。	・「終わっていない人のために自分から声かけしているね。みんなのための行動だね。」
課題Ⅲ	・“Hello.”のときに，手のジェスチャーをしている。 ・紹介の仕方を教えてあげている。 ・相手の目を見て自己紹介を言っている。	・「あいさつのときに手でジェスチャーしているのもいいね。」 ・「アドバイスしているね。間違っていることをきちんと教えてあげるのはいいことだね。」 ・「相手を見て自己紹介が言えているね。アイコンタクトができているね。」

③ふりかえり≪5分≫　（※本書 p.11参照）

評価の文例

・食べ物カードを使ってオリジナルピザを紹介できた。（コミュニケーション）
・オリジナルピザづくりで食べ物カードをやりとりする際，相手の目を見て会話をすることができた。（コミュニケーション）

8 This is my favorite place.

学校内の好きな場所を紹介《しょうかい》しよう

4年　　組（　　　　　　　　　　　　　）

めあて

全員が，学校内の好きな場所を案内したり紹介したりすることができる。

手立て

“Let's Try! 2” 32ページ・デジタル教材・音声教材・ALT の先生

すること

Ⅰ　32ページ「Let's Listen ②」を聞き，登場人物と場所を線でむすび，登場人物の好きな場所を聞き取る。

Ⅱ　３人以上に学校の好きな場所を案内し，紹介する。

ゴール

A　５人以上に，好きな場所を案内することができた。

B　３人以上に，好きな場所を案内することができた。

C　時間内に終わらなかった。

ふりかえり

①学習面について　　**ゴール　A　　B　　C**

今日わかったことやできるようになったこと，感想を学習した言葉を使って書きましょう。

②行動面について　**Aみんなのために行動できた　Bみんなのために行動できなかった**

次，みんなができるためにがんばることを書きましょう。

ねらい 学校内の好きな場所を案内したり紹介したりすることができる。　（４／４時間）

☺ 授業の流れと声かけのポイント ☺

①めあての説明≪５分≫

先生や友だちとあいさつをした後，今日のめあてとゴールを伝えます。

②課題Ⅰ（教師主導：一斉）≪10分≫

「Let's Listen ②」のそれぞれの人物が話す音声を聞き，紙面の場所の中からそれぞれの場所を選んで線で結びます。一度で聞き取れない場合は，何度か繰り返したり，聞き取れたことだけでもよいことを伝えましょう。

③課題Ⅱ（子ども主体：『学び合い』）≪20分≫

案内の仕方を，手本として子どもたちに見せ，練習をします。その後，活動を子どもたちに任せます。ただし，「時間内に全員が３人以上にインタビューできること」を求めます。そのためには「どこで」「誰と」学習してもよいことを伝え，学習を子どもたちに任せます。もし途中でインタビューの仕方や答え方がわからなくなったら，友だちに聞いたり，必要に応じて先生やALT に聞いてもよいことも伝えます。

〈会話例〉

A：Go straight. Turn right. Turn left. Stop.
　This is〔the music room〕.
　This is my favorite place.
B：Why?
A：I like〔music〕.

	活動中に見える子どもの言動（例）	教師の声かけ・価値づけ（例）
課題Ⅱ	・「一緒にしよう。」	・「一緒にしようっていう声かけがいいね。誘ってもらえると嬉しいね。」
	・男女で活動している。	・「男女で活動しているね。誰とでも関わることができるのはいいね。」
	・何と言うか忘れた友だちに対して，アドバイスをしている。	・「友だちがきちんと答えられるように言い方のアドバイスをしているね。やさしいね。」
	・聞き取れなかったのでもう一度聞いている。	・「聞いたふりをしないで，聞き取れるまで聞こうとしているね。友だちの答えをしっかり聞こうとすることはいいことだよ。」
	・「あと何人？　一緒にする？」	・「まだ終わっていない人にやさしく聞いてあげるのもいい行動だね。」
	・３人以上にインタビューしている。	・「３人終わったのに，まだインタビューしている人がいるよ。意欲的だね。」

④ふりかえり≪５分≫　（※本書 p.11参照）

評価の文例

・“Go straight.”“Turn left.”“Turn right.”という表現を使って，自分の好きな場所を案内することができた。（コミュニケーション）

・好きな場所を聞いたり，自分の好きな場所を伝えたりすることができた。（慣れ親しみ）

9 This is my day.

自分の一日を紹介《しょうかい》しよう

4年　組（　　　　　　　　　　）

めあて

全員が，自分の一日の生活を紹介することができる。

手立て

“Let's Try! 2” 34〜40ページ・デジタル教材・音声教材・ALT の先生

すること

Ⅰ　一日の生活を英語で紹介する方法を考え，一日の紹介を聞き合う。

ゴール

A　10人以上に，一日の生活を紹介することができた。

B　５人以上に，一日の生活を紹介することができた。

C　時間内に終わらなかった。

ふりかえり

①学習面について　　**ゴール　A　B　C**

今日わかったことやできるようになったこと，感想を学習した言葉を使って書きましょう。

②行動面について　**A みんなのために行動できた　B みんなのために行動できなかった**

次，みんながができるためにがんばることを書きましょう。

ねらい 自分の一日の生活を紹介することができる。　（３／５時間）

☺ 授業の流れと声かけのポイント ☺

①はじめの語りとめあての説明≪５分≫

　先生や友だちとあいさつをした後，今日は「英語を使って自分の一日の生活を紹介する」ことをゴールとすることを伝えます。子どもが目的意識をもって取り組めるように，異学年やALTや保護者との場面設定が効果的です。自分の一日の生活を英語で紹介するために，紹介の表現方法を友だちに聞いたり，ALTから聞いたり，自分で調べたりしてもよいことを伝えます。そして，「時間内に全員が達成できること」を求めます。

②課題Ⅰ（子ども主体：『学び合い』）≪35分≫

　４年生最後の単元ですので敢えて例示はせずに，これまでの学習経験を踏まえて自分で教材を調べたり，クラスの仲間と協力したりすることを称賛します。

〈発表例〉

A：I wake up〔at 6:00〕.
　I have breakfast〔at 7:00〕.
　I go to school.
　I go home.

	活動中に見える子どもの言動（例）	教師の声かけ・価値づけ（例）
課題Ⅰ	・知らない表現方法を調べている。	・「わからないことをそのままにしないで，友だちに聞いたり，調べに行ったりすることはいいことだね。」
	・英語だけではなく，イラストやジェスチャーを使っている。	・「相手に伝えようとする工夫が見えるね。」
	・紹介する前に練習している。	・「紹介する前に練習していて，しっかりと聞いてくれる人にわかりやすいように考えているね。」
	・聞き取れなかったところを聞いている。	・「聞こえなかったところを聞きなおそうとしているのは，相手の紹介をしっかり聞いている証拠だね。」
	・自分が終わっても続けている。	・「終わっていない人のために自分から声かけしているね。みんなのための行動だね。」

③ふりかえり≪５分≫（※本書 p.11参照）

評価の文例

・あいづちをうちながら，友だちの一日の生活を聞くことができた。（コミュニケーション）
・一日の生活を表す表現について，調べたり友だちに聞いたりする活動を通して，慣れ親しむことができた。（慣れ親しみ）

４年

第３章

主体的・対話的で
深い学びを実現する！
外国語活動『学び合い』
活動モデル　５年

1 Hello, everyone.

好きなものをたずねたり，答えたりしよう

5年　　組（　　　　　　　　　　）

めあて

全員が，“What ～ do you like?” という表現を使って，好きなものをたずねたり，答えたりすることができる。

手立て

“We Can! 1” 5ページ・デジタル教材・音声教材・ALTの先生

すること

Ⅰ　5ページ「Let's Listen ②」を聞き，登場人物と名前を線で結び，Christina と Kenta と John の好きなものを聞き取る。

Ⅱ　「Let's Play ③」を読み，好きな「色」「食べ物」「テレビ番組」を5人以上（男女各2人以上）にインタビューする。

ゴール

A　10人以上にインタビューしたり，答えたりすることができた。

B　5人以上にインタビューしたり，答えたりすることができた。

C　時間内に終わらなかった。

ふりかえり

①学習面について　　**ゴール　A　B　C**

今日わかったことやできるようになったこと，感想を学習した言葉を使って書きましょう。

②行動面について　**Aみんなのために行動できた　Bみんなのために行動できなかった**

次，みんなができるためにがんばることを書きましょう。

ねらい　“What ～ do you like?” という表現を使って，好きなものを尋ねたり，答えたりすることができる。　（3／8時間）

☺ 授業の流れと声かけのポイント ☺

①めあての説明≪５分≫

先生や友だちとあいさつをした後，今日のめあてを伝えます。

②課題Ⅰ（教師主導：一斉）≪15分≫

「Let’s Listen ②」の音声を聞き，登場人物の好きなものを書かせます。

③課題Ⅱ（子ども主体：『学び合い』）≪20分≫

活動の説明として，好きな色，食べ物，テレビ番組をインタビューすることを伝えます。そして，この時間のゴールとして，「時間内に全員が５人以上にインタビューできること」を求めます。そのためには「どこで」「誰と」学習してもよいことを伝え，インタビューの仕方の手本を見せたり，練習をしたりした後，活動を子どもたちに任せます。もし，途中でわからなくなったら，友だちに聞いたり，デジタル教材を活用したり，必要に応じて先生や ALT に聞いてもよいことも伝えておきましょう。

〈会話例〉

A：Hello.　B：Hello.
A：My name is ～.　B：My name is ～.
A：What ～ do you like?　B：I like ～.（色，食べ物，テレビ番組を聞いたら交代する）
A：Thank you. Bye.　B：Thank you. Bye.

	活動中に見える子どもの言動（例）	教師の声かけ・価値づけ（例）
課題Ⅱ	・「一緒にしよう。」	・「一緒にしようっていう声かけがいいね。誘ってもらえると嬉しいね。」
	・男女でインタビューしている。	・「男女でインタビューしているね。誰とでも関わることができるのはいいね。」
	・相手の答えにうなずきながら聞いている。	・「うなずきながら聞いている人がいるね。ちゃんと聞いてもらえている感じがして，話しやすいね。」
	・何と言うか忘れた友だちに対して，アドバイスをしている。	・「友だちがきちんと答えられるように言い方のアドバイスをしているね。やさしいね。」
	・聞き取れなかったのでもう一度聞いている。	・「聞いたふりをしないで，聞き取れるまで聞こうとしているね。友だちの答えをしっかり聞こうとすることはいいことだよ。」
	・「あと何人？　一緒にする？」	・「まだ終わっていない人にやさしく聞いてあげるのもいい行動だね。」
	・５人以上にインタビューしている。	・「５人終わったのに，まだインタビューしている人がいるよ。意欲的だね。」

④ふりかえり≪５分≫　（※本書 p.11参照）

評価の文例

・あいづちをうちながら，友だちの好きなものを聞くことができた。（コミュニケーション）
・好きなものを聞いたり，自分の好きなものを伝えたりすることができた。（慣れ親しみ）

1 Hello, everyone.

好きなものを使って自己紹介《じこしょうかい》をしよう

5年　　組（　　　　　　　　　　　　　　　　）

めあて

全員が，好きな「色」「スポーツ」「動物」「テレビ番組」「食べ物」を使って，自己紹介をすることができる。

手立て

“We Can! 1” 8ページ・デジタル教材・音声教材・ALTの先生

すること

Ⅰ　8ページ「Activity」に，好きな「色」「スポーツ」「動物」「テレビ番組」「食べ物」を書く。

Ⅱ　自己紹介のしかたを確認し，練習する。

Ⅲ　好きなものを使った自己紹介を5人（男女各2人以上）に聞いてもらい，正しく自己紹介ができていればサインをもらう。もし，まちがっていればアドバイスをもらって言いなおす。

ゴール

A　10人以上に，好きなものを使った自己紹介を正しく伝えることができた。

B　5人以上に，好きなものを使った自己紹介を正しく伝えることができた。

C　時間内に終わらなかった。

ふりかえり

①学習面について　　**ゴール　A　B　C**

今日わかったことやできるようになったこと，感想を学習した言葉を使って書きましょう。

②行動面について　**Aみんなのために行動できた　Bみんなのために行動できなかった**

次，みんなができるためにがんばることを書きましょう。

ねらい 自分の好きなものを紹介することができる。　（7／8時間）

☺ 授業の流れと声かけのポイント ☺

①はじめの語りとめあての説明≪5分≫

先生や友だちとあいさつをした後，今日のめあてを伝えます。

活動の説明として，好きな「色」「スポーツ」「動物」「テレビ番組」「食べ物」を使って5人以上に自己紹介をすることを伝えます。そして，この時間のゴールとして，「時間内に全員が5人以上に自己紹介できること」を求めます。そのためには「どこで」「誰と」学習してもよいことを伝え，自己紹介の仕方の手本を見せたり，練習をしたりした後，活動を子どもたちに任せます。もし，途中でわからなくなったら，友だちに聞いたり，デジタル教材を活用したり，必要に応じて先生や ALT に聞いてもよいことも伝えておきましょう。

〈会話例〉

A：Hello.　　B：Hello.
A：My name is ～.　　B：My name is ～.
A：I like ～.（色，スポーツ，動物，テレビ番組，食べ物を伝えたら交代する）
A：Thank you. Bye.　　B：Thank you. Bye.

②課題Ⅰ・Ⅱ・Ⅲ（子ども主体：『学び合い』）≪35分≫

	活動中に見える子どもの言動（例）	教師の声かけ・価値づけ（例）
課題Ⅰ	・好きなものをすぐに書いている。 ・1つ以上書いている。	・「食べ物を2つ書き終わったんだね。すぐに学習に取りかかるのはすごいね。」 ・「1つ以上書いている人もいるね。いっぱい伝えたいことがあるんだね。」
課題Ⅱ	・自分が選んだ好きなものの言い方を ALT に聞いている。 ・友だちに紹介する前に何度も口に出して練習している。	・「言い方がわからないことはちゃんと聞きに行っているのがいいね。しっかり練習して言えるようになろうね。」 ・「紹介する前にちゃんと練習するのはいいことだね。練習すればするほど，上手になるよ。」
課題Ⅲ	・“Hello.”のときに，手のジェスチャーをしている。 ・「自己紹介聞こうか？」 ・「名前言うの忘れているよ。」 ・相手の目を見て自己紹介を言っている。	・「あいさつのときに手でジェスチャーしているのもいいね。」 ・「終わっていない人のために自分から声かけをしているね。みんなのための行動だね。」 ・「名前忘れてるよってアドバイスしているね。間違っていることをきちんと教えてあげるのはいいことだね。」 ・「相手を見て自己紹介が言えているね。アイコンタクトができているね。」

③ふりかえり≪5分≫　（※本書 p.11参照）

評価の文例

・好きな色，スポーツ，動物，テレビ番組，食べ物を使って，簡単な自己紹介をすることができた。(コミュニケーション)
・あいづちをうったり，アイコンタクトをしたりして，相手の自己紹介にリアクションをとることができた。(コミュニケーション)

2 When is your birthday?

ほしいものを聞いたり伝えたりしよう

5年　　組（　　　　　　　　　　）

めあて

全員が，好きなものや好きなこと，誕生日《たんじょうび》にほしいものを，聞いたり伝えたりすることができる。

手立て

“We Can! 1” 14ページ・デジタル教材・音声教材・ALTの先生

すること

Ⅰ　14ページ「Let's Watch and Think ③」の映像《えいぞう》を見て，HarutoとHanaの好きなものや好きなことを線で結ぶ。

Ⅱ　インタビューにむけて，誕生日にほしいものを考え，英語の言い方を確認《かくにん》する。

Ⅲ　「Activity ①」を読み，3人以上（男女各1人以上）に好きな色・好きなスポーツ・誕生日にほしいものをインタビューする。

ゴール

A　10人以上にインタビューしたり，答えたりすることができた。

B　3人以上にインタビューしたり，答えたりすることができた。

C　時間内に終わらなかった。

ふりかえり

①学習面について　　**ゴール　A　B　C**

今日わかったことやできるようになったこと，感想を学習した言葉を使って書きましょう。

②行動面について　**Aみんなのために行動できた　Bみんなのために行動できなかった**

次，みんなができるためにがんばることを書きましょう。

ねらい “What do you want for your birthday?” という表現を使って，誕生日にほしいものを尋ねたり，答えたりすることができる。（4／7時間）

授業の流れと声かけのポイント

①めあての説明≪５分≫
先生や友だちとあいさつをした後，今日のめあてを伝えます。

②課題Ⅰ（教師主導：一斉）≪10分≫
「Let's Watch and Think ③」の映像を見せ，教科書に線を引かせます。

③課題Ⅱ（教師主導：一斉）≪５分≫
インタビューに向けて，自分の「好きな色」「好きなスポーツ」「誕生日にほしいもの」を考えさせます。「誕生日にほしいもの」については，発音がわからない場合は，担任や ALT に聞き，言えるまで練習させましょう。

④課題Ⅲ（子ども主体：『学び合い』）≪20分≫
活動の説明として，「好きな色」「好きなスポーツ」「誕生日にほしいもの」をインタビューすることを伝えます。そして，この時間のゴールとして，「時間内に全員が３人以上にインタビューできること」を求めます。インタビューの仕方の手本を見せたり，みんなで練習したりした後，活動を子どもたちに任せます。もし，途中でわからなくなったら，友だちに聞いたり，デジタル教材を活用したり，必要に応じて先生や ALT に聞いてもよいことも伝えておきましょう。

〈会話例〉

A：Hello.	B：Hello.
A：My name is ～.	B：My name is ～.
A：What color do you like?	B：I like ～.
A：What sports do you like?	B：I like ～.
A：What do you want for your birthday?	B：I want ～.
A：Thank you. Bye.	B：Thank you. Bye.

	活動中に見える子どもの言動（例）	教師の声かけ・価値づけ（例）
課題Ⅲ	・笑顔であいさつしている。	・「“Hello.” のとき，笑顔なのがいいね。コミュニケーションの基本だね。」
	・ほしいものの言い方を ALT に確認している。	・「途中でわからなくなったら，ちゃんと聞きに行けるのはすごいね。」
	・相手を探している子に向かって「一緒にする？」と声をかけている。	・「相手を探している子に自分から積極的に声をかけるのはやさしいね。声をかけてもらえて嬉しいと思うよ。」
	・終わっていない子を見つけてインタビューしている。	・「全員ができるために，周りを見回して行動してるね。終わっていない友だちに気づくことが大切だね。」
	・初めて聞いたものを練習している。	・「誕生日にほしいもので初めて聞いた言葉を練習している人がいるね。すごいね。」

⑤ふりかえり≪５分≫　（※本書 p.11参照）

評価の文例

・好きなものや好きなこと，誕生日にほしいものを，聞いたり答えたりすることができた。（コミュニケーション）

5年

2 When is your birthday?

バースデーカードから友だちを見つけよう

5年　　組（　　　　　　　　　　　　　　）

めあて

全員が，“When is your birthday?”“Do you like ～?”という表現を使って，バースデーカードの情報から，友だちを見つけることができる。

手立て

“We Can! 1”16ページ・デジタル教材・音声教材・ALTの先生

すること

Ⅰ　16ページ「Let's Watch and Think ⑥」の映像《えいぞう》を見て，バースデーカードに書かれていることを書く。

Ⅱ　インタビューをして，配られたバースデーカードがだれのカードであるかを見つける。

ゴール

A　友だちに「○月△日は英語でなんと言うでしょうか？」とクイズを出してもらい，答えることができた。

B　インタビューをして，バースデーカードから友だちを見つけることができた。

C　時間内に終わらなかった。

ふりかえり

①学習面について　　**ゴール　A　B　C**

今日わかったことやできるようになったこと，感想を学習した言葉を使って書きましょう。

②行動面について　**Aみんなのために行動できた　Bみんなのために行動できなかった**

次，みんながができるためにがんばることを書きましょう。

ねらい 誕生日を聞いたり，答えたりすることができる。　　（６／７時間）

☺ 授業の流れと声かけのポイント ☺

①めあての説明≪５分≫
先生や友だちとあいさつをした後，今日のめあてを伝えます。

②課題Ⅰ（教師主導：一斉）≪10分≫
「Let's Watch and Think ⑥」の映像を見せ，会話からバースデーカードに書かれていることを考えて教科書に書かせます。

③課題Ⅱ（子ども主体：『学び合い』）≪25分≫
事前に作っておいたバースデーカードをシャッフルして配ります。活動の説明として，配られたバースデーカードインタビューをもとにして，持ち主を見つけることを伝えます。そして，この時間のゴールとして，「時間内に全員がバースデーカードの持ち主を見つけることができること」を求めます。インタビューの仕方を確認・練習した後，活動を子どもたちに任せます。もし，途中でわからなくなったら，友だちに聞いたり，デジタル教材を活用したり，必要に応じて先生や ALT に聞いてもよいことも伝えておきましょう。

〈会話例〉
A：Hello.　　B：Hello.
A：When is your birthday,〔友だちの名前〕?　　B：My birthday is ～.
【誕生日のカードを持っていない場合】
A：I'm sorry. I don't have your card.
【誕生日のカードを持っていた場合】
A：This is your birthday card.（カードは渡さずに，書かれている内容について尋ねる）
A：Do you like ～?　　B：Yes, I do.
A：Do you want ～ for your birthday?　　B：Yes, I do.
A：This is for you. Here you are.　　B：Thank you very much.
A：Bye.　　B：Bye.

	活動中に見える子どもの言動（例）	教師の声かけ・価値づけ（例）
課題Ⅱ	・「４月って何て言うんだっけ？」「４月は April だよ。」 ・持ち主が見つかって，内容を尋ねている。 ・困っている友だちに対して，一緒に発音している。 ・「○○さんとやってみたら？」	・「途中で言い方がわからなくなったらちゃんと友だちに聞くことができているね。それにやさしく教えてあげているのもいいことだよ。」 ・「内容が本当に合っているかきちんと確かめているね。同じ誕生日がいるかもしれないからね。」 ・「誕生日の言い方は難しいから，一緒に発音してあげている姿があるよ。友だちのためのやさしい行動だね。」 ・「誰々とやってみたらっていう友だち同士をつなぐ声かけがあるね。すごいね。」

④ふりかえり≪５分≫（※本書 p.11参照）

評価の文例

・バースデーカードを渡す活動を通して，誕生日を尋ねたり，誕生日を伝えたりすることができた。（コミュニケーション）

５年

3 What do you have on Monday?

夢《ゆめ》の時間割《じかんわり》を紹介《しょうかい》しよう

5年　　組（　　　　　　　　　　　　）

めあて

全員が，夢の時間割をたずねたり，答えたりすることができる。

手立て

“We Can! 1” 22ページ・デジタル教材・音声教材・ALTの先生

すること

Ⅰ　自分の夢の時間割を考えて，22ページ「Activity ①」に書く。

Ⅱ　先生と３人以上に夢の時間割をインタビューする。

ゴール

A　先生と５人以上の夢の時間割をインタビューし，聞き取ることができた。

B　先生と３人以上の夢の時間割をインタビューし，聞き取ることができた。

C　時間内に終わらなかった。

ふりかえり

①学習面について　　**ゴール　A　　B　　C**

今日わかったことやできるようになったこと，感想を学習した言葉を使って書きましょう。

②行動面について　**Aみんなのために行動できた　Bみんなのために行動できなかった**

次，みんながでできるためにがんばることを書きましょう。

ねらい 夢の時間割を尋ねたり，答えたりすることができる。　　（５／７時間）

☺ 授業の流れと声かけのポイント ☺

①はじめの語りとめあての説明≪５分≫

先生や友だちとあいさつをした後，今日のめあてを伝えます。

活動の説明として，①自分の夢の時間割を考えること，②先生と友だちにインタビューすることを伝えます。そして，この時間のゴールとして，「時間内に全員が，先生と３人以上にインタビューできること」を求めます。そのためには「どこで」「誰と」学習してもよいことを伝え，インタビューの仕方の手本を見せたり，練習をしたりした後，活動を子どもたちに任せます。もし，途中でわからなくなったら，友だちに聞いたり，デジタル教材を活用したり，必要に応じて先生や ALT に聞いてもよいことも伝えておきましょう。

〈会話例〉

A：Hello.　　B：Hello.

A：What do you have on Monday?

B：I have ～, ～, ～, ～, ～ and ～.（理由は日本語で答える）

A：Thank you, bye.　　B：Thank you, bye.

②課題Ⅰ・Ⅱ（子ども主体：『学び合い』）≪35分≫

	活動中に見える子どもの言動（例）	教師の声かけ・価値づけ（例）
課題Ⅰ	・すぐに教科書に書いている。 ・（悩んでいる友だちに対して）「何の教科が一番好き？」	・「すぐに学習に取りかかっているね。学習に対する意欲がすごいね。」 ・「自分のことをしながら，悩んでいる友だちにアドバイスしているね。常に困っている人がいないか気にかけている証拠だね。」
課題Ⅱ	・教科の言い方を練習している。 ・友だちが話しているとき，うなずきながら聞いている。 ・終わった後，聞いた感想を伝えている。	・「インタビューする前に，きちんと言えるかどうか練習しているんだね。すごいね。」 ・「うなずきながら聞いている人がいるね。ちゃんと聞こうとしているんだね。」 ・「相手の説明に対して，自分が思ったことを伝えている人がいるね。いいことだね。」

③ふりかえり≪５分≫（※本書 p.11参照）

評価の文例

・夢の時間割のインタビューを通して，積極的に交流することができた。（コミュニケーション）

・夢の時間割のインタビューを通して，時間割の聞き方や伝え方に慣れ親しむことができた。（慣れ親しみ）

５年

3 What do you have on Monday?

職業に合った時間割《じかんわり》を考えよう

5年　　組（　　　　　　　　　）

めあて

全員が，「医者」「サッカー選手」「花屋」「先生」「野球選手」「警察官《けいさつかん》」の中から１つ選び，その職業のオリジナルの時間割を紹介《しょうかい》することができる。

手立て

“We Can! 1” 24ページ・デジタル教材・音声教材・ALT の先生

すること

Ⅰ　「医者」「サッカー選手」「花屋」「先生」「野球選手」「警察官」の中から，つきたい職業を１つ選ぶ。

Ⅱ　選んだ職業につくために必要なオリジナルの時間割を考える。

Ⅲ　選んだ職業の時間割とその理由を３人以上（男女各１人以上）に紹介する。

ゴール

A　２つ以上の職業の時間割を紹介することができた。

B　３人以上に選んだ職業の時間割を紹介することができた。

C　時間内に終わらなかった。

ふりかえり

①学習面について　　**ゴール　A　B　C**

今日わかったことやできるようになったこと，感想を学習した言葉を使って書きましょう。

②行動面について　**Aみんなのために行動できた　Bみんなのために行動できなかった**

次，みんなができるためにがんばることを書きましょう。

ねらい 選んだ職業に就くために必要な時間割を考え紹介することができる。　（7／7時間）

☺ 授業の流れと声かけのポイント ☺

①はじめの語りとめあての説明≪５分≫

先生や友だちとあいさつをした後，今日のめあてを伝えます。

活動の説明として，①「医者」「サッカー選手」「花屋」「先生」「野球選手」「警察官」の中から１つ選ぶこと，②選んだ職業に就くためには，どんな時間割にすればよいかを考えること，③選んだ職業の時間割とそう考えた理由を紹介することを伝えます。そして，この時間のゴールとして，「時間内に全員が，３人以上に紹介できること」を求めます。そのためには「どこで」「誰と」学習してもよいことを伝え，インタビューの仕方の手本を見せたり，練習をしたりした後，活動を子どもたちに任せます。もし，途中でわからなくなったら，友だちに聞いたり，デジタル教材を活用したり，必要に応じて先生や ALT に聞いてもよいことも伝えておきましょう。

〈会話例〉

A：Hello.　　　　　　B：Hello.
A：I have ～, ～, ～, ～, ～ and ～.
A：（そう考えた理由を日本語で説明する）
　（交代する）
A：Thank you, bye.　　B：Thank you, bye.

②課題Ⅰ・Ⅱ・Ⅲ（子ども主体：『学び合い』）≪35分≫

	活動中に見える子どもの言動（例）	教師の声かけ・価値づけ（例）
課題Ⅰ・Ⅱ	・「サッカーが好きだから，サッカー選手にしよう。」 ・「考えやすいから医者にしようかな。」 ・「花屋さんを選んだ人に相談してみよう。」	・「自分が好きなことなら，何が必要か考えやすいね。」 ・「興味ある職業がなかったら，考えやすい職業を選ぶのもいいね。」 ・「悩んだらすぐに聞きに行こうとするのはいいことだね。同じ職業なら相談しやすいね。」
課題Ⅲ	・「ねえ，時間割聞いて。」「うん，いいよ。」 ・「同じ職業なのに時間割が全然ちがうね。」 ・「家庭科って何て言うんだっけ？」 ・「３人に紹介できたから，ちがう職業も考えてみよう。」 ・「もうできた？　聞こうか？」	・「自分が作業していても友だちが声をかけてきたらすぐに聞いてあげているね。すばらしいね。」 ・「いいところに気づいたね。人によってその職業に必要だと思うことが違うんだね。」 ・「わからなかったら，ちゃんと聞けるっていうのはいいことだね。」 ・「職業を変えると教科も変わってくるから，練習になるね。」 ・「終わっていない人のことを考えて行動できているね。そうやって声をかけてもらえると嬉しくなるね。」

③ふりかえり≪５分≫　（※本書 p.11参照）

評価の文例

・○○（職業）に就くためのオリジナルの時間割を考え，積極的に友だちに紹介することができた。（コミュニケーション）

５年

4 What time do you get up?

一日の役割《やくわり》をたずねたり答えたりしよう

5年　　組（　　　　　　　　　）

めあて

全員が，友だちの家での役割をたずねたり，答えたりすることができる。

手立て

“We Can! 1”30ページ・デジタル教材・音声教材・ALT の先生

すること

Ⅰ　先生の日課を聞き取り，30ページ「Let's Play ③」の絵を線で結ぶ。

Ⅱ　「Activity」を読み，５人以上に「家での役割」をインタビューし，当てはまるところに友だちの名前を書く。

ゴール

A　10人以上にインタビューができた。

B　５人以上に役割をインタビューし，答えることができた。

C　時間内に終わらなかった。

ふりかえり

①学習面について　　**ゴール　A　　B　　C**

今日わかったことやできるようになったこと，感想を学習した言葉を使って書きましょう。

②行動面について　**Aみんなのために行動できた　Bみんなのために行動できなかった**

次，みんなができるためにがんばることを書きましょう。

ねらい 家での役割を尋ねたり，答えたりすることができる。　（５／８時間）

☺ 授業の流れと声かけのポイント ☺

①めあての説明≪５分≫
先生や友だちとあいさつをした後，今日のめあてを伝えます。

②課題Ⅰ（教師主導：一斉）≪10分≫
「Let's Play ③」の「起きる」「朝食を食べる」「食器を洗う」「寝る」について，先生の時間と頻度を発表します。

③課題Ⅱ（子ども主体：『学び合い』）≪25分≫
活動の説明として，「新聞をとる」「食器を洗う」「掃除する」時間と頻度をインタビューすることを伝えます。そして，この時間のゴールとして，「時間内に全員が５人以上にインタビューできること」を求めます。そのためには「どこで」「誰と」学習してもよいことを伝え，インタビューの仕方の手本を見せたり，練習をしたりした後，活動を子どもたちに任せます。もし，途中でわからなくなったら，友だちに聞いたり，デジタル教材を活用したり，必要に応じて先生やALT に聞いてもよいことも伝えておきましょう。

〈会話例〉

A：Hello.　B：Hello.
A：What time do you get newspaper?　B：I〔頻度〕get newspaper at〔時間〕.
A：What time do you wash the dishes?　B：I〔頻度〕wash the dishes at〔時間〕.
A：What time do you clean your room?　B：I〔頻度〕clean my room at〔時間〕.
（交代する）
A：Thank you. Bye.　B：Thank you. Bye.

	活動中に見える子どもの言動（例）	教師の声かけ・価値づけ（例）
課題Ⅱ	・「○○さん一緒にしよう。」	・「始まってすぐ声をかけているね。意欲的だね。」
	・誰に声をかけようかときょろきょろしている。	・「誰に声をかけようか，迷っている人がいるよ。どうしたらいいかな？」 （教師の声かけ後，子ども同士が声かけしたら） 「ちゃんと迷っている子にも声かけできたね。そうやって誰にでもやさしくできるのは最高だね。」
	・「ごめん，もう一回言って。」	・「友だちの発表をきちんと聞こうとしているね。いいことだよ。」
	・「新聞って何て言うんだっけ？」	・「わからないことをそのままにせず，きちんと聞いて言えるようになろうとしているね。すごい。」
	・「食器洗いって毎日してるの？」	・「何て答えていいか悩んでいる子にやさしく聞いてあげているね。」
	・“Thank you. Bye.”と笑顔で言っている。	・「笑顔でコミュニケーションすると気持ちいいね。」
	・「終わった？」	・「自分が終わっても，みんなが終わるために行動しているのは，いいことだよ。」

④ふりかえり≪５分≫　（※本書 p.11参照）

評価の文例

・家での役割を尋ねたり，答えたりする表現に慣れ親しむことができた。（慣れ親しみ）
・家での役割について，“always”“usually”“sometimes”“never”の頻度を表す表現を使って伝えることができた。（コミュニケーション）

５年

4 What time do you get up?

自分の日課を紹介《しょうかい》しよう

5年　　組（　　　　　　　　　）

めあて

全員が，“always”“usually”“sometimes”“never”と「時間」を使って，自分の日課を３つ紹介することができる。

手立て

“We Can! 1”32ページ・デジタル教材・音声教材・ALTの先生

すること

Ⅰ　32ページ「Let's Listen ③」を聞き，Lakshと Koseiの日課を線で結ぶ。

Ⅱ　自分が紹介したい日課を３つ選び，頻度《ひんど》と時間を考える。
　※ワークシートに書きましょう。

Ⅲ　自分が紹介したい日課を３人以上（男女各１人以上）に紹介し，正しく紹介できていればサインをもらう。

ゴール

A　自分の日課を５人以上に紹介することができた。

B　自分の日課を３人以上に紹介することができた。

C　時間内に終わらなかった。

ふりかえり

①学習面について　　ゴール　A　B　C

今日わかったことやできるようになったこと，感想を学習した言葉を使って書きましょう。

②行動面について　Aみんなのために行動できた　Bみんなのために行動できなかった

次，みんながてきるためにがんばることを書きましょう。

ねらい 頻度と時間を使って，自分の日課を紹介することができる。　（7／8時間）

☺ 授業の流れと声かけのポイント ☺

①めあての説明≪5分≫

先生や友だちとあいさつをした後，今日のめあてとゴールを伝えます。

②課題Ⅰ（教師主導：一斉）≪10分≫

「Let's Listen ③」の Laksh と Kosei の日課を聞き，あてはまるものを線で結ばせます。

③課題Ⅱ・Ⅲ（子ども主体：『学び合い』）≪25分≫　※ワークシート（本書 p.88参照）

活動の説明として，①自分が紹介したい日課を3つ選ぶこと，②頻度と時間を考えること，③選んだ日課と頻度と時間を紹介することを伝えます。そして，この時間のゴールとして，「時間内に全員が3人以上に，選んだ日課と頻度と時間を紹介できること」を求めます。そのためには「どこで」「誰と」学習してもよいことを伝え，自分の日課の紹介の仕方の手本を見せたり，練習をしたりした後，活動を子どもたちに任せます。もし，途中でわからなくなったら，友だちに聞いたり，デジタル教材を活用したり，必要に応じて先生や ALT に聞いてもよいことも伝えておきましょう。

〈会話例〉

A：Hello.　　B：Hello.

A：I〔頻度〕〔日課〕at〔時間〕.（3つ紹介したら交代する）

A：Thank you. Bye.　　B：Thank you. Bye.

	活動中に見える子どもの言動（例）	教師の声かけ・価値づけ（例）
課題Ⅱ	・「日課ってほかにどんなのがあったっけ？」「26ページとか29ページに絵があるよ。」 ・「1週間に1回ぐらいなら何になるかな？」「sometimes じゃない。」「ありがとう。」 ・「家での役割は何もないよ。」「じゃあ，起きるとご飯食べると寝るはどう？」	・「わからないことがあるとちゃんと友だちに聞くことができているね。作業を止めてちゃんと教えてあげるのもいいことだね。」 ・「ありがとうって聞こえるね。教えてもらってちゃんと感謝の気持ちを伝えるのはいいことだね。」 ・「アドバイスの仕方がやさしいね。」
課題Ⅲ	・「もうできた？　紹介聞いてもらっていい？」 ・「あと何人？　紹介聞くよ。」 ・「男子1人紹介聞いて。」	・「友だちのやっていることをじゃましないような聞き方だね。」 ・「みんなができるために行動できているね。自分が終わっても，いっぱい聞いてあげるとみんなのためになるね。」 ・「男子に聞いてほしい人がいるみたいだね。困っている人のためにできることあるかなぁ。」

④ふりかえり≪5分≫（※本書 p.11参照）

評価の文例

・自分の日課について，頻度や時間を使って紹介することができた。（慣れ親しみ）

・自分の日課を紹介したり，友だちの日課を聞き取ったりすることで，頻度や時間の言い方に慣れ親しむことができた。（慣れ親しみ）

5年

5 She can run fast. He can jump high.

できることをインタビューしよう

5年　　組（　　　　　　　　　　　）

めあて

全員が，“Can you ～?”という表現を使って，友だちにインタビューすることができる。

手立て

“We Can! 1”37ページ・デジタル教材・音声教材・ALT の先生

すること

Ⅰ 「Activity ②」を読み，15種類のことについて，できるかどうかを友だちにインタビューし，“Yes, I can.”であればサインをもらう。

※１種類につき，名前は１人です。

※同じ名前ばかりにならないようにたくさんの人にインタビューしましょう。

ゴール

A　15種類すべてにサインをもらうことができた。

B　10種類にサインをもらうことができた。

C　時間内に終わらなかった。

ふりかえり

①学習面について　　ゴール　A　B　C

今日わかったことやできるようになったこと，感想を学習した言葉を使って書きましょう。

②行動面について　A みんなのために行動できた　B みんなのために行動できなかった

次，みんながができるためにがんばることを書きましょう。

ねらい　“Can you ～?” という表現を使って，友だちのできることをインタビューすることができる。　（４／８時間）

☺ 授業の流れと声かけのポイント ☺

①はじめの語りとめあての説明≪５分≫

先生や友だちとあいさつをした後，今日のめあてを伝えます。

活動の説明として，①15種類の動作をインタビューすること，②“Yes, I can.” なら（　　）にサインをもらうこと，③（　　）に名前が入るのは１人なので，“Yes” なら次の人にインタビューすることを伝えます。そして，この時間のゴールとして，「時間内に全員が10種類以上にサインをもらうことができること」を求めます。そのためには「どこで」「誰と」学習してもよいことを伝え，15種類の動作の言い方を練習した後，インタビューの仕方の手本を見せ，活動を子どもたちに任せます。もし，途中でわからなくなったら，友だちに聞いたり，デジタル教材を活用したり，必要に応じて先生や ALT に聞いてもよいことも伝えておきましょう。

〈会話例〉

A：Hello.	B：Hello.
A：Can you〔動作〕?	B：Yes, I can. ／No, I can't.
A：Thank you. Bye.	B：Thank you. Bye.

②課題Ⅰ（子ども主体：『学び合い』）≪35分≫

	活動中に見える子どもの言動（例）	教師の声かけ・価値づけ（例）
課題Ⅰ	・「○○さん，こっちで一緒にしようよ。」 ・自分のできることを自信をもって答えている。 ・「野球なら○○くんだね。」 ・「卓球でサインもらえた。」 ・「全員に聞いたけど，柔道がいないなぁ。」 ・「バレーボールって誰ができるの？」	・「誘い合っているね。何人かで一緒にインタビューするのもいいね。」 ・「“Yes, I can.” の言い方がすばらしいね。自分のできることに自信をもっているんだね。」 ・「友だちの得意なことを知っていると，狙ってインタビューができるね。」 ・「卓球ができる人がいるみたいだね。」 ・「誰もできない動作もあるみたいだね。それは仕方ないね。それ以外を全部見つけよう。」 ・「見つからないときに，見つかった人にアドバイスをもらうのもいいね。」

③ふりかえり≪５分≫（※本書 p.11参照）

評価の文例

・“can” を使って，できることを友だちにインタビューし，積極的に話しかけることができた。(コミュニケーション)

・友だちのできることを尋ねる活動を通して，“Can you ～?” という表現に慣れ親しむことができた。(慣れ親しみ)

5 She can run fast. He can jump high.

友だちを紹介《しょうかい》しよう

5年　組（　　　　　　　　　）

めあて

全員が，“He”“She”“can”“can't”を使って，友だちのできること，できないことを紹介することができる。

手立て

“We Can! 1”37，40ページ・デジタル教材・音声教材・ALTの先生

すること

Ⅰ　40ページ「Let's Listen ③」を聞き，どの人物のことを言っているか考える。

Ⅱ　37ページの15種類のことについて，できるかできないかをペアにインタビューする。

Ⅲ　インタビュー結果から，ペアの紹介したい「できること」「できないこと」を３つずつ選ぶ。※３つもない場合は，どちらかをふやしましょう。

Ⅳ　ペアで行動し，友だちのできること，できないことを３組以上に紹介する。

ゴール

A　５組以上に，ペアのできること，できないことを紹介することができた。

B　３組以上に，ペアのできること，できないことを紹介することができた。

C　時間内に終わらなかった。

ふりかえり

①学習面について　　ゴール　A　B　C

今日わかったことやできるようになったこと，感想を学習した言葉を使って書きましょう。

②行動面について　**Aみんなのために行動できた　Bみんなのために行動できなかった**

次，みんながができるためにがんばることを書きましょう。

ねらい “He”“She”“can”“can't”を使って，友だちのできること，できないことを紹介することができる。（７／８時間）

☺ 授業の流れと声かけのポイント ☺

①めあての説明≪５分≫

先生や友だちとあいさつをした後，今日のめあてを伝えます。

②課題Ⅰ（教師主導：一斉）≪５分≫

40ページ「Let's Listen ③」の音声を聞き，どの人物のことか考え，(　　)に番号を書かせます。

③課題Ⅱ・Ⅲ・Ⅳ（子ども主体：『学び合い』）≪30分≫

活動の説明として，①37ページの15種類の動作についてできるかどうかをペアでお互いにインタビューすること，②インタビューした後は，ペアの紹介したい「できること」と「できないこと」を３つずつ選ぶこと，③自分のペアの「できること」と「できないこと」を他のペアに紹介することを伝えます。そして，この時間のゴールとして「時間内に全員が，他のペア３組以上に自分のペアを紹介できること」を求めます。「できること」「できないこと」が３つもない場合は，どちらかを増やしてよいことを伝えましょう。

そのためには「どこで」「誰と」学習してもよいことを伝え，インタビューの仕方の手本を見せたり，練習をしたりした後，活動を子どもたちに任せます。もし，途中でわからなくなったら，友だちに聞いたり，デジタル教材を活用したり，必要に応じて先生やALTに聞いてもよいことも伝えておきましょう。

〈会話例〉

【ペアでインタビュー】

A：Can you〔動作〕?　　B：Yes, I can. ／No, I can't.

【他己紹介】

A：Hello.　　B：Hello.

A：This is〔ペアの名前〕.

A：He (She) can〔動作〕.　　A：He (She) can't〔動作〕.（ペアやグループを交代する）

A：Thank you. Bye.　　B：Thank you. Bye.

	活動中に見える子どもの言動（例）	教師の声かけ・価値づけ（例）
課題Ⅱ・Ⅲ・Ⅳ	・「一輪車って何て言うんだっけ？」「ride a unicycle だよ。」「ありがとう。」 ・「全部できるんだね。すごい。」 ・「○○さんが□□ができるって知らなかった。これみんなに紹介しよう。」 ・「紹介の仕方を練習しようか。」	・「わからないことをすぐに聞くことができているね。それに対してすぐにアドバイスしているのもいいね。」 ・「友だちのすごいところを見つけたんだね。」 ・「友だちの新たな発見があったんだね。それを紹介するのもいいことだね。」 ・「他己紹介する前に，きちんと練習するのはすごいね。そうすると自信をもって紹介できるね。」

④ふりかえり≪５分≫（※本書 p.11参照）

評価の文例

・友だちのできること，できないことを紹介する活動を通して，３人称（He，She）や“can”“can't”の表現に慣れ親しむことができた。（慣れ親しみ）

・３人称（He，She）や“can”“can't”の表現を使って，友だちのできること，できないことを紹介することができた。（コミュニケーション）

５年

6 I want to go to Italy.

おすすめの国のポスターを作ろう

5年　　組（　　　　　　　　　　　）

めあて

全員が，自分のおすすめの国とその国でできることをポスターにまとめることができる。

手立て

“We Can! 1”44ページ・デジタル教材・音声教材・ALTの先生

すること

Ⅰ　44ページ「Let's Watch and Think ②」の映像を見て，インタビューを受ける人がどのような国に行き，何をしたいのかを考える。

Ⅱ　自分のおすすめの国を１つ決め，そこでできること（紹介《しょうかい》したいこと）を３つ以上考えて「Activity」に書く。

Ⅲ　おすすめの国の国旗と，その国でできることをポスターにまとめる。

ゴール

A　できること（紹介したいこと）を５つ以上まとめることができた。

B　できること（紹介したいこと）が３つ以上入った，おすすめの国のポスターが完成した。

C　時間内に終わらなかった。

ふりかえり

①学習面について　　　ゴール　A　B　C

今日わかったことやできるようになったこと，感想を学習した言葉を使って書きましょう。

②行動面について　A みんなのために行動できた　B みんなのために行動できなかった

次，みんなができるためにがんばることを書きましょう。

ねらい 自分のおすすめの国と，その国でできることをポスターにまとめることができる。

（３／８時間）

☺ 授業の流れと声かけのポイント ☺

①めあての説明≪５分≫

先生や友だちとあいさつをした後，今日のめあてを伝えます。

②課題Ⅰ（教師主導：一斉）≪10分≫

44ページ「Let's Watch and Think ②」の映像を見て，インタビューを受ける人物がどのような国に行き，何をしたいのかを考えさせます。

③課題Ⅱ・Ⅲ（子ども主体：『学び合い』）≪25分≫

活動の説明として，①自分のおすすめの国を１つ決めること，②その国でできること（見られるもの，食べられるもの，買えるもの）を考えること，③おすすめの国の国旗とその国でできることをイラストでポスターにまとめることを伝えます。そして，この時間のゴールとして「時間内に全員が，できること（紹介したいこと）を３つ以上入れたポスターを完成させることができること」を求めます。そして，次回ポスターを使って自分のおすすめの国を紹介することを伝えます。そのためには「どこで」「誰と」学習してもよいことを伝え，学習を子どもたちに任せます。

事前におすすめの国とその国でできることを調べておくようにすることで，この時間はポスターを作ることに専念することができます。

	活動中に見える子どもの言動（例）	教師の声かけ・価値づけ（例）
課題Ⅱ・Ⅲ	・「どんな国があるかわからないなぁ。」「42，43ページにヒントがあるよ。」	・「悩んでいる友だちにやさしくアドバイスしてあげているね。」
	・「地図帳で調べてみよう。」	・「地図帳を使って考えるのはいいね。使えるものをどんどん使って調べようとするのはすごいことだよ。」
	・「エッフェル塔を見たいんだけど，どこの国だっけ？」	・「わからないことをすぐに聞けるのはいいことだよ。困ったときは人の力をかりるといいね。」
	・終わっていない友だちのポスターを手伝っている。	・「時間内にみんなが終わるために手伝ってあげているんだね。自分ができることでみんなのために行動しているのはいいことだよ。」
	・完成したポスターを使って言い方の練習をしている。	・「次回のおすすめの国紹介のために，練習している人もいるね。ポスターが終わってすることがなかったらそういう時間の使い方もできるんだね。すごいね。」

④ふりかえり　≪５分≫　（※本書 p.11参照）

評価の文例

・おすすめの国でできることを調べる活動を通して，その国の特徴的な食べ物と日本の食べ物との違いに気づくことができた。（気づき）

５年

6 I want to go to Italy.

おすすめの国を紹介《しょうかい》しよう

5年　　組（　　　　　　　　　　　　）

めあて

全員が，自分のおすすめの国とそこでできることを紹介することができる。

手立て

“We Can! 1” 44ページ・デジタル教材・音声教材・ALT の先生

すること

Ⅰ　前回作成したポスターをもとに，おすすめの国とそこでできることを紹介するための言い方を練習する。

Ⅱ　おすすめの国とそこでできることを，10人以上に紹介し，聞いてもらった人にサインをもらう。

ゴール

A　紹介してもらったことに対して，感想を伝えることができた。

B　10人以上に，おすすめの国とそこでできることを紹介することができた。

C　時間内に終わらなかった。

ふりかえり

①学習面について　　ゴール　A　B　C

今日わかったことやできるようになったこと，感想を学習した言葉を使って書きましょう。

②行動面について　A みんなのために行動できた　B みんなのために行動できなかった

次，みんなができるためにがんばることを書きましょう。

ねらい 自分のおすすめの国とそこでできることを紹介することができる。　（4／8時間）

☺ 授業の流れと声かけのポイント ☺

①はじめの語りとめあての説明≪5分≫

先生や友だちとあいさつをした後，今日のめあてを伝えます。

活動の説明として，前回作成したポスターを使い，おすすめの国とそこでできることを友だちに紹介することを伝えます。そして，この時間のゴールとして「時間内に全員が，おすすめの国とそこでできることを10人以上に紹介できること」を求めます。

そのためには「どこで」「誰と」学習してもよいことを伝え，紹介の仕方の手本を見せたり，言い方について全体で練習したら学習を子どもたちに任せます。もし，途中でわからなくなったら，友だちに聞いたり，デジタル教材を活用したり，必要に応じて先生や ALT に聞いてもよいことも伝えておきましょう。

②課題Ⅰ・Ⅱ（子ども主体：『学び合い』）≪35分≫

	活動中に見える子どもの言動（例）	教師の声かけ・価値づけ（例）
課題Ⅰ・Ⅱ	・「ねえ，聞いて聞いて。」	・「積極的に紹介しようとしているね。いっぱい紹介することで身についていくよ。」
	・「○○さんのおすすめの国教えて。」	・「おすすめの国教えてって言い方がやさしいね。」
	・「アメリカのメジャーリーグがおすすめなんだ。野球好きだもんね。」	・「友だちの好きなことをよく知っているんだね。きちんと感想を伝えることができているね。」
	・「私もオーロラが見たい。」	・「友だちのおすすめに共感しているね。たくさんの人と関わったから新しい気づきがあるんだね。」
	・「時間があるから，みんなのおすすめを聞いてみよう。」	・「目標達成してからも，さらに紹介を聞きに行こうとするのはすごいね。意欲があってとってもいいよ。」
	・何も見ずに紹介している。	・「教科書も何も見ずに言っているね。何度も何度も紹介したから身についたんだね。」
	・「あと2人聞いてあげて。」	・「まだ終わっていない友だちに対して，相手を見つけてあげているんだね。そうやって友だちのために行動するのはいいことだね。」

③ふりかえり≪5分≫　（※本書 p.11参照）

評価の文例

・自分のおすすめの国やそこでできることを紹介する活動を通して，“want”の表現に慣れ親しむことができた。（慣れ親しみ）

・自分のおすすめの国やそこでできることを，ポスターを使って紹介することができた。（コミュニケーション）

7 Where is the treasure?

道案内をしよう

5年　　組（　　　　　　　　　　　）

めあて

全員が，“Go straight.”“Turn left.”“Turn right.”の表現を使って，相手が行きたい場所に道案内をすることができる。

手立て

“We Can! 1”54ページ・デジタル教材・音声教材・ALT の先生

すること

Ⅰ　54ページ「Let's Listen ③」の道案内の音声を聞き，行き着いた建物に番号を書く。

Ⅱ　54ページの地図を使って，友だち３人以上（男女各１人以上）の行きたい場所を聞き，その場所まで道案内をする。

ゴール

A　５人以上の行きたい場所に道案内することができた。

B　３人以上がそれぞれ行きたい場所に道案内することができた。

C　時間内に終わらなかった。

ふりかえり

①学習面について　　**ゴール　A　B　C**

今日わかったことやできるようになったこと，感想を学習した言葉を使って書きましょう。

②行動面について　**Aみんなのために行動できた　Bみんなのために行動できなかった**

次，みんなができるためにがんばることを書きましょう。

ねらい　“Go straight.” “Turn left.” “Turn right.” の表現を使って，相手が行きたい場所に道案内することができる。（５／８時間）

授業の流れと声かけのポイント

①めあての説明≪５分≫

先生や友だちとあいさつをした後，今日のめあてを伝えます。

②課題Ⅰ（教師主導：一斉）≪10分≫

54ページ「Let's Listen ③」の道案内の音声を聞き，行き着いた建物に番号を書かせます。

③課題Ⅱ（子ども主体：『学び合い』）≪25分≫

活動の説明として，①相手の行きたい場所を聞くこと，②駅から行きたい場所まで道案内をすることを伝えます。そして，この時間のゴールとして「時間内に全員が，３人以上を道案内できること」を求めます。そのためには「どこで」「誰と」学習してもよいことを伝え，道案内の仕方や会話の手本を見せたり，みんなで練習したりした後，学習を子どもたちに任せます。もし，途中でわからなくなったら，友だちに聞いたり，デジタル教材を活用したり，必要に応じて先生や ALT に聞いてもよいことも伝えておきましょう。

〈会話例〉

A：Hello.　　B：Hello.

A：Where is the〔行きたい場所〕?

B：Go straight. / Turn left. / Turn right. / You can see it on your left./ You can see it on your right.（道案内が終わったら交代する）

A：Thank you. Bye.　　B：Thank you. Bye.

	活動中に見える子どもの言動（例）	教師の声かけ・価値づけ（例）
課題Ⅱ	・「○○さん，一緒にしよう。」 ・指で動かしながら聞いている。	・「すぐに行動しようとするのはいいことだね。」 ・「聞いたことを，きちんと指で動かしながら進めているね。」
	・「図書館に行きたいんだけど，何て言うんだっけ？」「library だよ。」 ・“You can see it on your left.” “Thank you.”	・「言い方がわからなかったらすぐに聞けるのはいいことだね。教え方もやさしいよ。」 ・「無事にたどり着いたら，すぐに Thank youって感謝の気持ちを伝えているね。道案内した人も嬉しいね。」
	・相手が地図上で動いたのを確認してから次のことを伝えている。	・「伝えた相手がきちんと動いたのを確認してから次を伝えているね。相手のことをきちんと考えてあげている行動だね。」

④ふりかえり≪５分≫（※本書 p.11参照）

評価の文例

・“Go straight.” “Turn left.” “Turn right.” の表現を使って，友だちを道案内することができた。（コミュニケーション）

・友だちが目的の場所にたどり着けるように，相手の反応を確かめながら正確に道案内を伝えることができた。（コミュニケーション）

7 Where is the treasure?

宝物を見つけよう

5年　　組（　　　　　　　　　　　　　）

めあて

全員が，宝物までの道案内をすることができる。

手立て

“We Can! 1” 56〜57ページ・デジタル教材・音声教材・ALT の先生

すること

Ⅰ　57ページの地図から宝物を１つ選ぶ。

Ⅱ　10人以上（男女各５人以上）を自分が選んだ宝物の場所まで道案内し，友だちがたどり着いたらサインをもらう。

ゴール

A　クラス全員を，自分が選んだ宝物の場所まで正確に道案内することができた。

B　10人以上を，自分が選んだ宝物の場所まで正確に道案内することができた。

C　時間内に終わらなかった。

ふりかえり

①学習面について　　**ゴール　A　B　C**

今日わかったことやできるようになったこと，感想を学習した言葉を使って書きましょう。

②行動面について　**Aみんなのために行動できた　Bみんなのために行動できなかった**

次，みんなができるためにがんばることを書きましょう。

ねらい 宝物までの道案内をすることができる。　（８／８時間）

☺ 授業の流れと声かけのポイント ☺

①はじめの語りとめあての説明≪５分≫

先生や友だちとあいさつをした後，今日のめあてを伝えます。

活動の説明として，①宝物を選ぶこと，②相手を自分が選んだ宝物の場所まで正確に案内することを伝えます。そして，この時間のゴールとして「時間内に全員が，10人以上を宝物まで道案内できること」を求めます。

そのためには「どこで」「誰と」学習してもよいことを伝え，道案内の仕方や会話の手本を見せたり，みんなで練習したりした後，活動を子どもたちに任せます。もし，途中でわからなくなったら，友だちに聞いたり，デジタル教材を活用したり，必要に応じて先生や ALT に聞いてもよいことも伝えておきましょう。

〈会話例〉

A：Hello.　B：Hello.
A：Where is your treasure?
B：Go straight. / Turn left. / Turn right. / You can see it on your left./
You can see it on your right.
A：Your treasure is〔宝物〕.
B：Yes, this is my treasure.（交代する）
A：Thank you. Bye.　B：Thank you. Bye.

②課題Ⅰ・Ⅱ（子ども主体：『学び合い』）≪35分≫

	活動中に見える子どもの言動（例）	教師の声かけ・価値づけ（例）
課題Ⅰ・Ⅱ	・「宝物はこれにしよう。」	・「さっそく決めたみたいだね。正確に宝物まで道案内できるかな？」
	・道案内の方法を変えている。	・「宝物までの道筋を変えている人がいるね。色々なパターンで言う練習ができるね。」
	・「一緒にしよう。」「次，一緒にするから，ちょっと待っててね。」	・「道案内している途中でも，声をかけられたらちゃんと返事するのはいいことだね。」
	・回数をこなして，上手に道案内ができるようになってきている。	・「道案内すればするほど，言い方が上手になってきているね。相手の目を見ながら案内できているのもすごいね。」
	・「曲がる方向間違っているよ。」	・「友だちが間違った方向に曲がっているのをきちんと教えてあげられるのは，友だちのことをきちんと見ているからだね。」

③ふりかえり≪５分≫　（※本書 p.11参照）

評価の文例

・宝物の地図を使って，“Go straight.”“Turn left.”“Turn right.”の表現を使い，道案内することができた。（慣れ親しみ）
・自分が選んだ宝物の場所まで道案内するため，相手の反応を確かめながら伝えることができた。（コミュニケーション）

8 What would you like?

メニューを考えよう

5年　　組（　　　　　　　　　　　　）

めあて

全員が，先生か家族のためのメニューとその理由を考え，店員とお客になってメニューを作ることができる。

手立て

“We Can! 1” 64〜65ページ・デジタル教材・音声教材・ALTの先生・メニューカード

すること

Ⅰ　64〜65ページのメニューの中から先生か家族のためのメニューを考え，特徴《とくちょう》を表すタイトルとその理由を考える。 ※料理は３つ以上選びましょう。 ※ワークシートに書きましょう。

Ⅱ　店員とお客に分かれて，先生か家族のための料理を集める。

※メニューのやりとりができるのは，１人１つです。メニューを３つ以上選んだ場合は，３人とやりとりします。

ゴール

A　２人以上のメニューを作ることができた。

B　先生か家族のためのメニューを作ることができた。

C　時間内に終わらなかった。

ふりかえり

①学習面について　　**ゴール　A　　B　　C**

今日わかったことやできるようになったこと，感想を学習した言葉を使って書きましょう。

②行動面について　**Aみんなのために行動できた　Bみんなのために行動できなかった**

次，みんなができるためにがんばることを書きましょう。

ねらい　先生か家族のためのメニューとその理由を考え，店員とお客になってメニューを作ることができる。　（７／８時間）

☺ 授業の流れと声かけのポイント ☺

①はじめの語りとめあての説明≪５分≫

先生や友だちとあいさつをした後，今日のめあてを伝えます。

活動の説明として，①先生か家族のためにメニューを考えること，②そのメニューのタイトルと理由を考えること，③店員とお客になって料理を集め，ワークシートに貼ることを伝えます。メニューのやり取りは，１人１つなので，１つ手に入れたら違う人とやり取りさせます。人によってはすでに料理を渡して持っていない場合があるので，その場合も料理を持っている人を探させましょう。そして，この時間のゴールとして「時間内に全員が，先生か家族のためのメニューを作ることができること」を求めます。また，早くできたら，もう一人のメニューを考えてもよいことも伝えておきましょう。

そのためには「どこで」「誰と」学習してもよいことを伝え，料理のやりとりの手本や言い方の練習をした後，活動を子どもたちに任せます。もし，途中でわからなくなったら，友だちに聞いたり，デジタル教材を活用したり，必要に応じて先生やALTに聞いてもよいことも伝えておきましょう。

※メニューのやりとりをするので，事前に巻末のメニューカードを切って１人１セット用意しておきましょう。

〈会話例〉

A：Hello.　B：Hello.
A：What would you like?　B：I'd like〔メニュー〕.
【持っている場合】
A：Here you are.　B：Thank you.
【持っていない場合】
A：I'm sorry.（交代する）
A：Thank you. Bye.　B：Thank you. Bye.

②課題Ⅰ・Ⅱ（子ども主体：『学び合い』）≪35分≫　※ワークシート（本書 p.89参照）

	活動中に見える子どもの言動（例）	教師の声かけ・価値づけ（例）
課題Ⅰ	・「誰にしようか，難しいなぁ。」「一緒に先生のメニュー考える？」 ・「お母さんの好きな和食メニューにしよう。」	・「悩んでいる友だちに一緒に考えようって誘ってあげるのはやさしくていいね。嬉しいね。」 ・「相手のことをきちんと考えることができているね。」
課題Ⅱ	・「２人に聞いたけどラーメン持ってなかった。誰か持ってないかなぁ。」 ・「お母さんのメニューができたからお父さんのメニューも考えてみよう。」	・「ラーメンがなくて困っている人がいるね。何かできることはないかなぁ？」 ・「２人目を考えているんだ。すごいね。言い方をいっぱい練習できていいよね。」

③ふりかえり≪５分≫　（※本書 p.11参照）

評価の文例

・店員とお客になりメニューを注文するやりとりを通して，英語での丁寧な言い方に慣れ親しむことができた。（慣れ親しみ）

・メニューを考えるために，料理を注文したり，注文を聞いたりすることを通して，英語でコミュニケーションをしながら買い物をすることができた。（コミュニケーション）

５年

8 What would you like?

考えたメニューを紹介《しょうかい》しよう

5年　　組（　　　　　　　　　　　　）

めあて

全員が，先生か家族のためのメニューとその理由を紹介することができる。

手立て

“We Can! 1”64～65ページ・デジタル教材・音声教材・ALT の先生

すること

Ⅰ　先生か家族のために考えたメニューを練習し，正しく紹介することができているか５人以上（男女各２人以上）に聞いてもらい，サインをもらう。

Ⅱ　みんなの前で先生か家族のために考えたメニューと特徴《とくちょう》を表すタイトル，その理由を紹介する。

ゴール

A　10人以上に紹介することができた。

B　５人以上に，先生か家族のために考えたメニューとタイトル，その理由を紹介することができた。

C　時間内に終わらなかった。

ふりかえり

①学習面について　　**ゴール　A　B　C**

今日わかったことやできるようになったこと，感想を学習した言葉を使って書きましょう。

②行動面について　**Aみんなのために行動できた　Bみんなのために行動できなかった**

次，みんなができるためにがんばることを書きましょう。

ねらい 先生か家族のためのメニューとその理由を紹介することができる。　（８／８時間）

☺ 授業の流れと声かけのポイント ☺

①めあての説明≪５分≫

先生や友だちとあいさつをした後，今日のめあてを伝えます。活動の見通しとして，考えたメニューの言い方を練習した後，みんなの前で発表することを伝えておきましょう。

②課題Ⅰ（子ども主体：『学び合い』）≪20分≫

活動の説明として，前回考えた先生か家族のためのメニューの紹介の仕方を練習することを伝えます。そして，この時間のゴールとして「時間内に全員が，メニューの紹介を５人以上に聞いてもらうことができること」を求めます。そのためには「どこで」「誰と」学習してもよいことを伝え，メニューの紹介の仕方の手本を見せたり，みんなで練習したりした後，活動を子どもたちに任せます。もし途中でわからなくなったら，友だちに聞いたり，必要に応じて先生や ALT に聞いてもよいことを伝えておきます。

〈発表例〉

Hello. This is a〔メニューのタイトル〕for〔先生か家族〕.

It's〔メニュー〕〔メニュー〕〔メニュー〕and,〔メニュー〕. Thank you.

	活動中に見える子どもの言動（例）	教師の声かけ・価値づけ（例）
課題Ⅰ	・「ねぇ，聞いて。」「いいよ。」	・「声かけして，いいよって言ってもらえたら嬉しいね。誰とでも関われるっていいことだよ。」
	・言い方を何度も繰り返して練習している。	・「発表のためにしっかり練習しているね。すごいね。」
	・「タイトルの付け方が上手だね。」	・「そう言ってもらえると嬉しいね。自信をもって発表できるね。」
	・「もう終わった？　聞こうか？」	・「終わっていない人のために，積極的に行動できているね。そうやって声をかけてもらえると嬉しいよね。」
	・「あと女子１人聞いてあげて。」	・「友だち同士をつなごうとするのはいいよね。時間内に全員が終わるための行動だね。」

③課題Ⅱ（教師主導：一斉）≪15分≫

１人ずつみんなの前に出て，考えたメニューを発表します。発表の際は，作ったメニューを見せながら発表すると，見ている人がわかりやすいです。また，実物投影機等で投影するとよりわかりやすく伝えることができます。発表に自信がない場合は，紙を見ながら発表してもよいことを伝えましょう。

④ふりかえり≪５分≫（※本書 p.11参照）

評価の文例

・考えたメニューを紹介するために，友だちに聞いてもらったり，聞いてあげたりしながら積極的に発表練習をすることができた。（コミュニケーション）

9 Who is your hero?

自分にとってのヒーローを考えよう

5年　　組（　　　　　　　　　　）

めあて

全員が，自分にとってのヒーローを紹介《しょうかい》するためのポスターを作ることができる。

手立て

“We Can! 1”72ページ・デジタル教材・音声教材・ALT の先生

すること

Ⅰ　自分にとってのヒーローを考える。

Ⅱ　自分にとってのヒーローのすごいところ，尊敬《そんけい》できるところを３つ以上考える。
　※ワークシートに書きましょう。

Ⅲ　自分にとってのヒーローの似顔絵と，すごいところ，尊敬できるところを絵を使ってまとめる。 ※ワークシートに書きましょう。

ゴール

A　自分にとってのヒーローの似顔絵と，すごいところ，尊敬できるところを５つ以上まとめることができた。

B　自分にとってのヒーローの似顔絵と，すごいところ，尊敬できるところを３つ以上，絵を使ってまとめることができた。

C　時間内に終わらなかった。

ふりかえり

①学習面について　　　**ゴール　A　　B　　C**

今日わかったことやできるようになったこと，感想を学習した言葉を使って書きましょう。

②行動面について　**A みんなのために行動できた　B みんなのために行動できなかった**

次，みんなができるためにがんばることを書きましょう。

ねらい 自分にとってのヒーローを紹介するためのポスターを作ることができる。

（7／8時間）

授業の流れと声かけのポイント

①はじめの語りとめあての説明≪5分≫

先生や友だちとあいさつをした後，今日のめあてを伝えます。

活動の説明として，ワークシート（本書 p.91参照）に，①自分にとってのヒーローを考えること，②その人のすごいところや尊敬できるところを３つ以上考えること，③その人の似顔絵，すごいところや尊敬できることを，絵を使ってポスターにまとめることを伝えます。そして，この時間のゴールとして「時間内に全員が，似顔絵，すごいところや尊敬できるところが３つ以上入った，自分にとってのヒーローを紹介するためのポスターを完成させることができること」を求め，活動を子どもたちに任せます。

すごいところや尊敬できるところは，71ページから選んでもよいし，自分で考えてもよいです。教科書にないことを選ぶ場合はALTの先生に言い方を確認するように促しましょう。

次の時間は，今回考えたことを，みんなの前で紹介するので，完成イメージとして72ページの「Activity ②」を見せると，イメージがわきやすくなります。

②課題Ⅰ・Ⅱ・Ⅲ（子ども主体：『学び合い』）≪35分≫

	活動中に見える子どもの言動（例）	教師の声かけ・価値づけ（例）
課題Ⅰ	・「ヒーローって，全然おもいつかないなぁ。」「○○のお兄さんってスポーツやっていてかっこいいよ。」 ・「○○にしたんだ。いいね。」	・「全然思いつかない友だちがヒーローを見つけられるように，アイデアを伝えているね。」 ・「自分が考えたことを，いいねって言われると嬉しいね。自信がもてるよね。」
課題Ⅱ	・「尊敬できるところがいっぱいある。」 ・（悩んでいる子に対して）「○○ってこんなすごいところもあるよね。」	・「いっぱいあるっていいことだね。いっぱい書いてもいいよ。」 ・「お互いが知っている人ならアドバイスもしやすいね。どんなことでもすぐに助けてあげられるのはすごいね。」
課題Ⅲ	・すごいところや尊敬できるところの言い方をALTに確認している。 ・発表の仕方をデジタル教材で確認している。 ・友だちと練習している。	・「絵が終わって，言い方を確認しているね。意欲があっていいね。」 ・「デジタル教材を使って，自分で言い方を確認しているね。すごいね。」 ・「次の時間のために友だち同士で確認するのもいいことだね。」

③ふりかえり≪5分≫　（※本書 p.11参照）

評価の文例

・自分にとってのヒーローを紹介するために，得意なことの表現の仕方を積極的に練習することができた。（慣れ親しみ）

9 Who is your hero?

自分にとってのヒーローを紹介《しょうかい》しよう

5年　　組（　　　　　　　　　　　　）

めあて

全員が，自分にとってのヒーローをみんなの前で紹介することができる。

手立て

“We Can! 1” 72ページ・デジタル教材・音声教材・ALT の先生

すること

Ⅰ　自分にとってのヒーローのスピーチを練習し，正しく紹介することができているか５人以上（男女各２人以上）に聞いてもらい，サインをもらう。

Ⅱ　みんなの前で自分にとってのヒーローを紹介する。

ゴール

A　スピーチ原稿《げんこう》を見ないで発表することができた。

B　自分にとってのヒーローを紹介することができた。

C　時間内に終わらなかった。

ふりかえり

①学習面について　　**ゴール　A　　B　　C**

今日わかったことやできるようになったこと，感想を学習した言葉を使って書きましょう。

②行動面について　**Aみんなのために行動できた　Bみんなのために行動できなかった**

次，みんなができるためにがんばることを書きましょう。

ねらい 自分にとってのヒーローをみんなの前で紹介することができる。　（８／８時間）

☺ 授業の流れと声かけのポイント ☺

①めあての説明≪５分≫

先生や友だちとあいさつをした後，今日のめあてを伝えます。活動の見通しとして，考えたヒーローの紹介の仕方を練習した後，みんなの前で発表することを伝えておきましょう。

②課題Ⅰ（子ども主体：『学び合い』）≪20分≫

活動の説明として，前回考えた自分にとってのヒーローをみんなの前で紹介するために練習することを伝えます。自信がない場合はスピーチ原稿を見てもかまいません。そして，この時間のゴールとして「時間内に全員が，自分にとってのヒーローの紹介を５人以上に聞いてもらうことができること」を求めます。そのためには「どこで」「誰と」学習してもよいことを伝え，自分にとってのヒーローの紹介の仕方の手本を見せたり，みんなで練習したりした後，活動を子どもたちに任せます。もし，途中でわからなくなったら，友だちに聞いたり，デジタル教材を活用したり，必要に応じて先生や ALT に聞いてもよいことも伝えておきましょう。

〈発表例〉72ページの「Activity ②」参照

	活動中に見える子どもの言動（例）	教師の声かけ・価値づけ（例）
課題Ⅰ	・「一緒に練習しよう。」	・「すばやく練習にとりかかるのはいいね。」
	・「大丈夫，その言い方で合っているよ。」	・「言い方大丈夫だよって言ってもらえたら，安心するね。」
	・スピーチ原稿を見ずに言っている。	・「スピーチ原稿を見ないで言えるんだね。いっぱい練習したんだね。」
	・「発表どう？」「あんまり自信ない。」「もうちょっと練習しようか。」	・「自信がないから，一緒に練習しようっていうのはいいね。お互いが上手になるね。」
	・「発表まで時間あるからもうちょっと練習しよう。」	・「余った時間を考えて行動できているね。練習すればするほど上手になるよ。」

③課題Ⅱ（教師主導：一斉）≪15分≫

１人ずつみんなの前に出て，自分にとってのヒーローを発表します。発表の際は，前回作ったポスターを見せながら発表すると，見ている人がわかりやすいです。また，実物投影機等で投影するとよりわかりやすく伝えることができます。スピーチ原稿を見ながら発表してもかまいませんが，覚えている人は何も見ないで発表することもできます。

④ふりかえり≪５分≫　（※本書 p.11参照）

評価の文例

・自分にとってのヒーローの尊敬できるところを紹介することを通して，得意なことの表現の仕方に慣れ親しむことができた。（慣れ親しみ）

・みんなの前で自分にとってのヒーローを紹介するために，友だちに聞いてもらったり，聞いてあげたりしながら，何度も練習することができた。（コミュニケーション）

５年

ワークシート

自分の日課を紹介《しょうかい》しよう

5年　　組（　　　　　　　　　　）

☆自分が紹介したい日課を３つ選び，頻度《ひんど》と時間を書きましょう。

紹介したい日課	頻度	時間

友だちのサイン

ワークシート

メニューを考えよう

５年　　組（　　　　　　　　　）

☆だれのためのメニューを考えますか？

☆どんなメニューにしますか？

☆考えたメニューに名前をつけましょう。

メニューの名前

ワークシート

自分にとってのヒーローを考えよう

５年　　組（　　　　　　　　　　）

☆自分にとってのヒーローはだれですか？

☆そのヒーローのすごいところや尊敬《そんけい》できるところを３つ以上考えましょう。

☆ヒーローを紹介するための，スピーチ原稿《げんこう》を考えましょう。

似顔絵

すごいことのイラスト

第4章

主体的・対話的で
深い学びを実現する！
外国語活動『学び合い』
活動モデル　6年

1 This is ME!

好きなものや誕生日を伝えよう

6年　　組（　　　　　　　　　　　）

めあて

全員が，“What ～ do you like?” という表現を使って，好きなものをたずねたり，答えたりして，ペアでの自己紹介《じこしょうかい》ができる。また，自分の誕生日を伝えることができる。

手立て

“We Can! 2” 5～6ページ・デジタル教材・音声教材・ALTの先生

すること

Ⅰ　5ページ「Let's Play ②」を行う。最初は先生が言ったものを指さし，慣れたらペアで行う。

Ⅱ　「Let's Listen ②」を聞いて，誕生日の言い方の練習をする。

Ⅲ　6ページ「Let's Talk」の空らんに自分の好きなスポーツや誕生日などを書きこむ。そして，それをもとに「好きな色・スポーツ・動物・教科・くだもの」のうち2つ，さらに自分の誕生日をふくんだ自己紹介をペアでする。5人以上（男女各2人以上）と自己紹介をする。

ゴール

A　7人以上とお話をし，お互いの自己紹介をすることができた。

B　5人以上とお話をし，お互いの自己紹介をすることができた。

C　時間内に終わらなかった。

ふりかえり

①学習面について　　**ゴール　A　B　C**

今日わかったことやできるようになったこと，感想を学習した言葉を使って書きましょう。

②行動面について　**Aみんなのために行動できた　Bみんなのために行動できなかった**

次，みんながてきるためにがんばることを書きましょう。

ねらい “What ～ do you like?” という表現を使って，好きなものを尋ねたり，答えたりして，ペアでの自己紹介ができる。また，自分の誕生日を伝えることができる。

（５／７時間）

☺ 授業の流れと声かけのポイント ☺

①めあての説明≪５分≫
先生や友だちとあいさつをした後，今日のめあてとゴールを伝えます。

②課題Ⅰ・Ⅱ（教師主導：一斉）≪15分≫
「Let's Play ②」では，子どもは，先生が言う月を表す語を聞き取り，それを表している絵を指さします。その後，「Let's Listen ②」では，音声を聞き取って空欄に記入するだけではなく，先生が尋ねる “When is your birthday?” という問いに，子どもが答えられるように練習すると次の活動につながります。時間と子どもの様子によって，子ども同士で尋ね合う活動を入れるのもよいでしょう。

③課題Ⅲ（子ども主体：『学び合い』）≪20分≫
まずは，「Let's Talk」の空欄に自分の情報を書かせて，自己紹介の準備をします。その後，活動を子どもたちに任せます。ただし，「時間内に全員が５人以上と自己紹介をし合えること」が本時のめあてであることをしっかりと伝えます。もし途中でインタビューの仕方や答え方がわからなくなったら，友だちに聞いたり，必要に応じて先生や ALT に聞いてもよいことを伝えます。

〈自己紹介パターン例〉

① My name is〔名前〕．②I am from〔場所〕.
③ I like〔色・スポーツ・動物・教科・くだもの〕.
④ I am good at〔③に関連すること〕.（２つ）
⑤ What〔③で話した内容〕do you like?
⑥ My birthday is〔月・日〕．⑦ When is your birthday?

	活動中に見える子どもの言動（例）	教師の声かけ・価値づけ（例）
課題Ⅲ	・「出歩いていいの？」	・「自由に話していいし，出歩いていいよ。誰かと一緒にやってもいいです。まずは１人で考えたい人は，もちろんそれも OK。全員で目標を達成できるように活動しよう。」
	・３つ以上の自分の好きなことについて，表現している。	・「好きなことを２つというのが目標だけど，それ以上に表現している人がいるね。どんどん力がついていくね。」
	・「誕生日言うの忘れているよ。」	・「誕生日を伝えるの，忘れがちだよね。気づいていない友だちにアドバイスするのは，すごくいいことだね。」
	・自分はもう７人以上とやっているのに，終わっていない友だちのために活動を続けている。	・「全員達成のために，８人目，９人目の友だちと活動をしている人がいるよ。クラス全体のことを考えてくれていてすばらしいね。」

④ふりかえり≪５分≫（※本書 p.11参照）

評価の文例

・あいづちをうちながら，友だちの好きなものや誕生日について聞くことができた。（コミュニケーション）
・自分の好きなものや，自分の誕生日を含めた自己紹介をし，相手に伝えることができた。（コミュニケーション）

６年

1 This is ME!

好きなものやできることが伝わる自己紹介《じこしょうかい》をしよう

6年　組（　　　　　　　　）

めあて

全員が，「好きな色・スポーツ・動物・教科・くだものなどのうち３つ」「できることを１つ」「誕生日」をふくんだ自己紹介をすることができる。

手立て

“We Can! 2” ８ページ・デジタル教材・音声教材・ALT の先生

すること

Ⅰ　８ページ「Activity」の自己紹介文を何度も聞き，音声に続けて言えるように練習する。

Ⅱ　自分の好きなもの（こと），できること，誕生日を紹介する文を教材をもとに書く。

Ⅲ　自分の好きなもの（こと）は３つ以上。そして自分のできることと誕生日を含む自己紹介を５人以上に聞いてもらい，正しく言うことができていればサインをもらう。もし，まちがっている場合は，正しいアドバイスをもらって言いなおす。

ゴール

A　７人以上に自己紹介を正しく伝えることができた。

B　５人以上に自己紹介を正しく伝えることができた。

C　時間内に終わらなかった。

ふりかえり

①学習面について　　**ゴール　A　B　C**

今日わかったことやできるようになったこと，感想を学習した言葉を使って書きましょう。

②行動面について　**Aみんなのために行動できた　Bみんなのために行動できなかった**

次，みんなができるためにがんばることを書きましょう。

ねらい 自分の好きなもの（こと），できること，誕生日を紹介し合うことができる。

（7／7時間）

☺ 授業の流れと声かけのポイント ☺

①はじめの語りとめあての説明≪5分≫

今日の授業の中で，「いつまで」に「自分の好きなもの（こと）は3つ以上。そして自分のできることと誕生日を含む自己紹介を5人以上とする」のかを伝えます。そして，「時間内に全員が達成できること」を求めます。そのためには「どこで」「誰と」学習してもよいことを伝え，学習を子どもたちに任せます。デジタル教材や音声教材，ALT の先生はめあてを達成するための必要に応じて使ってもよいことを伝えておきます。

②課題Ⅰ・Ⅱ・Ⅲ（子ども主体：『学び合い』）≪35分≫

	活動中に見える子どもの言動（例）	教師の声かけ・価値づけ（例）
課題Ⅰ	・「一緒にしよう。」 ・音声に合わせて，指で文を追っている。 ・聞きながら口ずさんでいる。	・「一緒にしようっていう声かけがいいね。誘ってもらえると嬉しいね。」 ・「どこまで話されているかがわかるように指で追っている友だちがいるね。どこまで聞き取れているかがわかっていいね。」 ・「音声を聞きながら練習しているね。言えるようになろうという意欲が感じられるね。」
課題Ⅱ	・教材の前のページを参考にしている。	・「自分の誕生日の言い方やできることは前の時間に確認したね。教材の前の部分を積極的に見直している友だちがいるよ。間違いが少なくなっていいね。」
課題Ⅲ	・「自己紹介聞こうか？」 ・できることなどを2つ以上言うなど，条件以上のことにチャレンジしている。 ・相手の目を見て自己紹介を言っている。	・「終わっていない人のために自分から声かけしているね。みんなのための行動だね。」 ・「できることはいっぱいある人もいるよね。決められた条件よりもたくさん表現しようとするのはすごくいいよ。自分のことがしっかり相手に伝わるね。」 ・「相手を見て自己紹介が言えているね。アイコンタクトができているね。」

③ふりかえり≪5分≫　（※本書 p.11参照）

評価の文例

・「好きな色・スポーツ・動物・教科・くだものなどのうち3つ」「できることを1つ」「誕生日」を含んだ自己紹介をすることができた。（コミュニケーション）

・あいづちをうったり，アイコンタクトをしたりして，相手の自己紹介にリアクションをとることができた。（コミュニケーション）

2 Welcome to Japan.

日本について伝えたいことを表現しよう

6年　　組（　　　　　　　　　　　　　）

めあて

全員が，日本の食べ物，伝統文化，行事，建物，スポーツなどの中から紹介《しょうかい》したいものを考えて，それを英語で説明することができる。

手立て

“We Can! 2”15ページ・デジタル教材・音声教材・ALT の先生

すること

Ⅰ　15ページ「Let's Watch and Think ⑥」を見て，わかったことを日本語で□に書く。

Ⅱ　友だちと協力しながら，さらに「Let's Watch and Think ⑥」を見て，日本のもの（こと）を紹介する際に使える表現を確認する（“We have ～ in ….” など)。

Ⅲ　教材を参考に，日本の食べ物，伝統文化，行事，建物，スポーツなどの中から紹介したいものを３つ考えて，説明する準備をする。完成したら３人以上に聞いてもらう。正しくできていればサインをもらう。もし，まちがっていればアドバイスをもらって言いなおす。

ゴール

A　５人以上に，３つ以上の日本のもの（こと）を紹介することができた。

B　３人以上に，３つ以上の日本のもの（こと）を紹介することができた。

C　時間内に終わらなかった。

ふりかえり

①学習面について　　**ゴール　A　B　C**

今日わかったことやできるようになったこと，感想を学習した言葉を使って書きましょう。

②行動面について　**Aみんなのために行動できた　Bみんなのために行動できなかった**

次，みんながができるためにがんばることを書きましょう。

ねらい “We have ～ in ….” “You can ～.” “It’s ～.” という表現を使って，日本のもの（こと）を紹介することができる。（６／８時間）

☺ 授業の流れと声かけのポイント ☺

①めあての説明≪５分≫

先生や友だちとあいさつをした後，今日のめあてとゴールを伝えます。

②課題Ⅰ（教師主導：一斉）≪10分≫

「Let’s Watch and Think ⑥」を見て，わかったことを記入させていきます。まず，教師は，子どもが，全体的な内容を聞き取るように意識を向けさせます。その後は，花見，そば，福笑いのそれぞれについて，「何ができるか」「そのことを登場人物はどう思っているか」など，聞き取るポイントを具体的に示しながら見せて進めるようにするとよいでしょう。

③課題Ⅱ・Ⅲ（子ども主体：『学び合い』）≪25分≫

次に，デジタル教材の操作も含めて子どもに任せて活動を進めるように指示します。この後の活動で使用することとなる “We have ～ in ….” “You can ～.” “It’s ～.” といった表現について気づいた子どもの声を可視化しながら進めるとよいでしょう。終わった子どもは自分たちのペースで次の課題Ⅲに自主的に進めるように声かけをしていきましょう。

そして，「いつまで」に「日本の食べ物，伝統文化，行事，建物，スポーツなどの中から紹介したいものを３つ以上考えて，説明する」かを伝えます。そして，「時間内に全員が達成できること」を求めます。そのためには「どこで」「誰と」学習してもよいことを伝え，学習を子どもたちに任せます。デジタル教材や音声教材，ALT の先生はめあてを達成するための必要に応じて使ってもよいことを伝えておきます。

	活動中に見える子どもの言動（例）	教師の声かけ・価値づけ（例）
課題Ⅱ	・積極的にメモをとっている。	・正解を書こうと慎重に進めるばかりに，ほとんど書き込まない子どもも多いです。しかしリスニングはメモを積極的にとることが大切です。小学生のこの段階では，間違ってもいいので聞き取れた情報を積極的に書くことをすすめたいところです。そのために「メモをどんどんとっている人はすばらしいね」という声をかけて，そういった姿を広めましょう。
	・「この部分を変えれば，他のことも表せるんじゃない？」	・「文の一部分を変えると，他の日本のもの（こと）を紹介するときにも使える表現に気づいた人がいるね。それに気づくと好きなことを自分で表現できるね。」
課題Ⅲ	・「一緒にやろう。」	・「積極的に声をかけてくれる友だちは，全員が目標を達成するために大切な存在です。そんな人がたくさんいるといいね。」

④ふりかえり≪５分≫　（※本書 p.11参照）

評価の文例

・積極的に友だちと関わりながら，日本について伝えたいことを表現することができた。（コミュニケーション）

6年

2 Welcome to Japan.

日本を紹介《しょうかい》するポスターを作ろう

6年　　組（　　　　　　　　　　　　　）

めあて

全員が，自分たちで作ったポスターを見せながら，日本について伝えたいことを表現できる。

手立て　“We Can! 2”16ページ・デジタル教材・音声教材・ALT の先生

すること

Ⅰ　前回の授業で自分が紹介したいと思ったもの（こと）の絵をかき，ミニポスターを作る。

Ⅱ　絵を見せながら，紹介したい日本のもの（こと）について３人以上の友だちに説明する。正しくできたらサインをもらう。もし，まちがっていればアドバイスをもらって言いなおす。

Ⅲ　３人１組でグループを作る。それぞれが作ったミニポスターの絵を切り取り，それを１枚の大きなポスターにはる。３人で１枚のポスターの内容を説明できるように練習し，他のグループと紹介し合う。２グループ以上と交流しよう。

ゴール

A　３グループ以上と交流し，日本のもの（こと）について紹介することができた。

B　２グループ以上と交流し，日本のもの（こと）について紹介することができた。

C　時間内に終わらなかった。

ふりかえり

①学習面について　　**ゴール　A　　B　　C**

今日わかったことやできるようになったこと，感想を学習した言葉を使って書きましょう。

②行動面について　**Aみんなのために行動できた　Bみんなのために行動できなかった**

次，みんなができるためにがんばることを書きましょう。

ねらい 自分が紹介したい日本のもの（こと）について説明することができる。（７／８時間）

授業の流れと声かけのポイント

①はじめの語りとめあての説明≪５分≫

今日の授業の中で，「いつまで」に「ポスターの内容を２グループ以上に説明する」のかを伝えます。そして，「時間内に全員が達成できること」を求めます。そのためには「どこで」「誰と」学習してもよいことを伝え，学習を子どもたちに任せます。デジタル教材や音声教材，ALT の先生はめあてを達成するための必要に応じて使ってもよいことを伝えておきます。

②課題Ⅰ・Ⅱ・Ⅲ（子ども主体：『学び合い』）≪35分≫

	活動中に見える子どもの言動（例）	教師の声かけ・価値づけ（例）
課題Ⅰ	・「どうやって描こう…。」	・「絵を描くのって苦手な子もいるよね。苦手な子はどんどん描き方のアドバイスをもらおう。絵が得意な子は活躍の時だぞ！　みんなの目標達成のために助けてあげよう。」
	・上手な絵を描いている。	・「○○さんの絵，上手！　なるほど～，こうやって描けばいいんだね。」
課題Ⅱ	・絵を指さしながら説明している。	・「ポスターにはいくつかの絵が描いてあるよね。指さして説明してくれるとわかりやすいね。」
	・「花火大会は夏じゃない？」	・「行事が行われる季節や場所を間違ってしまうこともあるよね。でもそれをやさしく教えてあげている友だちがいるね。友だちと協力して，どんどんいいものを作り上げよう。」
課題Ⅲ	・「誰が最初に話す？」	・「たくさん紹介したいことがポスターには描かれているわけだよね。どういった順番で話せば，聞いている人はわかりやすいかな。聞いている人の立場に立って順番も考えてみよう。」
	・「わたしがポスター持つね。」	・「積極的にポスターを持ってくれている人がいるね。ポスターを持つ人，話す人，それぞれ役割が決まっているとスムーズに進むね。」

③ふりかえり≪５分≫　（※本書 p.11参照）

評価の文例

・自分が紹介したい日本のもの（こと）について，絵も使って，わかりやすく伝えることができた。（コミュニケーション）

・日本の行事や食べ物や自分が好きな日本文化について，紹介する言い方に慣れ親しむことができた。（慣れ親しみ）

3 He is famous. She is great.

自分のことをくわしく説明しよう

6年　　組（　　　　　　　　　　　　　）

めあて

全員が，言葉の順番に注意しながら，自分のことについてくわしく説明できる。

手立て

"We Can! 2" 20～22ページ・デジタル教材・音声教材・ALTの先生

すること

Ⅰ　20～21ページ「Let's Play ②」と「Let's Play ③」を先生の指示にしたがって行う。

Ⅱ　22ページ「Let's Watch and Think ②」を見て，4人のキャラクターが何を言っているか友だちと一緒に聞き取る。

Ⅲ　「Let's Watch and Think ②」で出てきた文を参考にしながら，自分のことについて，文を作る。完成した文章を5人以上に聞いてもらい，正しく言うことができていればサインをもらう。もし，まちがっている場合は，正しいアドバイスをもらって言いなおす。

ゴール

A　7人以上に，言葉の順番に注意しながら，自分のことについてくわしく説明できた。

B　5人以上に，言葉の順番に注意しながら，自分のことについてくわしく説明できた。

C　時間内に終わらなかった。

ふりかえり

①学習面について　　**ゴール　A　B　C**

今日わかったことやできるようになったこと，感想を学習した言葉を使って書きましょう。

②行動面について　**Aみんなのために行動できた　Bみんなのために行動できなかった**

次，みんなができるためにがんばることを書きましょう。

ねらい 言葉の順番に注意しながら，自分のことについて詳しく説明することができる。

（４／８時間）

☺ 授業の流れと声かけのポイント ☺

①めあての説明≪５分≫

先生や友だちとあいさつをした後，今日のめあてとゴールを伝えます。

②課題Ⅰ・Ⅱ（教師主導：一斉）≪15分≫

「Let's Play ②」と「Let's Play ③」では，後半の活動で目的語として使われるであろう単語の発音を学びます。また，“I like ～.” “I want ～.” “I have ～.” “I study ～.” といった，自分を詳しく説明する際に使われる表現についても慣れ親しんでいきます。Key-Word Game と Missing Game を通して，勉強するというよりも，自然と慣れていくように何回も形を変えながら活動をしていくことが大切です。後半の活動に直結しますので，この段階である程度，表現についても話せる状態にするようにしましょう。

「Let's Watch and Think ②」では，「課題Ⅰ」で出てきた表現が，実際にどのように使われているかがわかります。それほど難易度も高くないことから，自分のことを表現するとしたらどうなるかについて，後半は考えさせながら行うとよいでしょう。

③課題Ⅲ（子ども主体：『学び合い』）≪20分≫

そして，「いつまで」に「自分のことについて説明する文章を５人以上の友だちに聞いてもらう」のかを伝えます。そして，「時間内に全員が達成できること」を求めます。そのためには「どこで」「誰と」学習してもよいことを伝え，学習を子どもたちに任せます。デジタル教材や音声教材，ALT の先生はめあてを達成するための必要に応じて使ってもよいことを伝えておきます。

	活動中に見える子どもの言動（例）	教師の声かけ・価値づけ（例）
課題Ⅲ	・「一緒にやろう。」	・「今回のめあても全員が達成することを目標としているよね。だから１人でやるのもいいんだけど，友だちと協力しながらやることで，一緒に，そしてより早く，目標達成に向けて，進んでいくことができるよね。」
	・「日本語と言葉の順序が違うね。」	・語順について気づく言動があれば，最高です。しかし，おそらく児童は，そこまではあまり意識していないと思います。語順は，今回のポイントですので，子どもが気づかない場合は，教師がめあてを改めて意識させる言葉を投げかけ，語順がどうなっているかには必ず目を向けさせてください。
	・「何の単語を使えばいいの？」	・目的語に当たる単語が思いつかない子どものために，この時間の前半に単語ゲームを実施しています。20～21ページの単語を活用することで，文が簡単に作れることを伝えてください。

④ふりかえり≪５分≫　（※本書 p.11参照）

評価の文例

・自分のことを詳しく表現する活動を通して，積極的に友だちと交流することができた。（コミュニケーション）

・日本語とは異なる言葉の順序に慣れ親しむことができた。（慣れ親しみ）

６年

3 He is famous. She is great.

人物あてクイズを作ろう

6年　　組（　　　　　　　　　　）

めあて

全員が，人物あてクイズを作り，友だちにオリジナルのクイズを出すことができる。

手立て

“We Can! 2”24ページ・デジタル教材・音声教材・ALTの先生

すること

Ⅰ　24ページ「Let's Listen ①」を聞いて，だれのことを言っているか友だちと一緒に聞き取る。また“Who am I?”クイズは，どうやって作ることができるかを友だちと話し合う。

Ⅱ　「Let's Listen ②」を行う。名前とわかったことを友だちと一緒に聞き取る。

Ⅲ　ペアで“Who am I?”クイズを３つ以上作り，他のペアにクイズを出す。５ペア以上とクイズを出し合い，終わったらサインをもらう。もし，まちがっている場合は，正しいアドバイスをもらって言いなおす。

ゴール

A　３問以上クイズを作り，７ペア以上とクイズを出し合うことができた。

B　３問以上クイズを作り，５ペア以上とクイズを出し合うことができた。

C　時間内に終わらなかった。

ふりかえり

①学習面について　　**ゴール　A　B　C**

今日わかったことやできるようになったこと，感想を学習した言葉を使って書きましょう。

②行動面について　**Aみんなのために行動できた　Bみんなのために行動できなかった**

次，みんなができるためにがんばることを書きましょう。

ねらい “Who am I?” クイズを作り，友だちにオリジナルのクイズを出すことができる。

（７／８時間）

☺ 授業の流れと声かけのポイント ☺

①めあての説明≪５分≫

先生や友だちとあいさつをした後，今日のめあてとゴールを伝えます。

②課題Ⅰ・Ⅱ（教師主導：一斉）≪15分≫

「Let's Listen ①」は，簡単なリスニング活動であり，盛り上がることが予想されます。正解がわかったら，その流れのまま，どんな表現が必要なのかという点に注意してもう一度聞くようにさせましょう。

「Let's Listen ②」では，“Who am I?” だけではなく，“Who is he?” というように３人称に関するクイズも含まれています。３人称が主語である文は，子どもにも書かせようとすると３単現のＳが関係してくるため，混乱をまねく恐れがあります。そのため，ここでは，リスニング活動として集中させましょう。

また，「Let's Listen ②」もクイズ形式であり，盛り上がると思いますが，どうして面白いのかについて考えさせると，この後の活動に結びつきます。例えば，ジャムおじさんのヒントを，最初から “I can bake bread.” と言ってしまっては，簡単になってしまい，せっかく準備してもすぐに正解を当てられてしまうでしょう。どのような順番でクイズを出していくと楽しいのかについて気づかせるように話しましょう。

③課題Ⅲ（子ども主体：『学び合い』）≪20分≫

「Let's Listen ②」にて，３人称が出てきましたが，これを自分の表現として使おうとすると間違いが起きやすくなります。

×　He like Dorayaki.　→　○　He likes Dorayaki.

ここでは，“Who am I?” に絞ってクイズを作成させたほうがよいでしょう。

そして，「いつまで」に「“Who am I?” クイズを３問以上作り，５ペア以上とクイズを出し合う」のかを伝え，「時間内に全員が達成できること」を求めます。そのためには「どこで」「誰と」学習してもよいことを伝え，学習を子どもたちに任せます。デジタル教材や音声教材，ALT の先生はめあてを達成するための必要に応じて使ってもよいことを伝えておきます。

	活動中に見える子どもの言動（例）	教師の声かけ・価値づけ（例）
課題Ⅲ	・「面白いねー。」	・「面白いよね。すぐに正解がわかってしまうと面白くないけど，ヒントを聞いていくほどわかっていくような順番に話されているから面白いんだね。すでに出来上がっているクイズもどの順番で言うといいかもう一回確認しよう。」
	・クイズが終わった後，感想を言い合っている。	・「クイズが終わってから，感想を言い合っているペアがあるね。難しすぎたり，簡単すぎたりするのは，当たり前だよね。初めてクイズを作ったからね。だからこそ，少し改良しながらやっていったらどうかな？　どんどんよくなっていくよ。」

④ふりかえり≪５分≫　（※本書 p.11参照）

評価の文例

・“Who am I?” クイズを考え，積極的に友だちと出題し合うことができた。（コミュニケーション）

4 I like my town.

自分の町を紹介《しょうかい》しよう

6年　　組（　　　　　　　　　　）

めあて

全員が，自分の町にあるものやないもの，またあってほしいものについて，紹介できる。

手立て

“We Can! 2”26～27，31ページ・デジタル教材・音声教材・ALTの先生

すること

Ⅰ　26～27ページ「Let's Listen ①」を聞いて，自分の町を紹介するときに，どういった表現が使われているかを確認する。

Ⅱ　31ページ「Activity ①」を聞いて，友だちと内容を確認する。その後，Yutaの発表を参考に，自分たちの住む町について紹介する内容をペアで考える。

Ⅲ　完成した文章を５人以上に聞いてもらい，正しく言うことができていればサインをもらう。もし，まちがっている場合は，正しいアドバイスをもらって言いなおす。

ゴール

A　７人以上に，自分の町について紹介できた。

B　５人以上に，自分の町について紹介できた。

C　時間内に終わらなかった。

ふりかえり

①学習面について　　**ゴール　A　B　C**

今日わかったことやできるようになったこと，感想を学習した言葉を使って書きましょう。

②行動面について　**Aみんなのために行動できた　Bみんなのために行動できなかった**

次，みんながができるためにがんばることを書きましょう。

ねらい 自分の町にある施設や，ない施設，そして，あるとよい施設を英語で提案できる。

（６／８時間）

☺ 授業の流れと声かけのポイント ☺

①めあての説明≪５分≫

先生や友だちとあいさつをした後，今日のめあてとゴールを伝えます。

②課題Ⅰ（教師主導：一斉）≪10分≫

子どもにとって「Let's Listen ①」は，すでに聞いた内容であることから，どういったことが言われているかは理解しやすいでしょう。今回は，この後の活動で，同じような表現を使って自分に関することを発表することになりますので，そのことを強く意識させてリスニングに取り組ませましょう。この段階で気づかせたい表現として，以下のものが挙げられます。have の大切な意味は「持っている」ですが，ここでは，町が「持っている」というのはおかしいので，町に「～がある」ということである点も取り上げたいですね。

① I like my town.
② We have a ～.
③ We don't have a ～.
④ I like ～.
⑤ I want a ～.

③課題Ⅱ・Ⅲ（子ども主体：『学び合い』）≪25分≫

「Activity ①」も内容は難しくないため，自分だったらどのように表現するかという目的意識をもって取り組ませましょう。

自分の町についての活動ですので，同じような内容になりがちです。もし，おばあちゃんの住んでいる町など，自分が住んでいる町以外を表現したいという子どもがいたら，積極的に取り組ませましょう。

まずは，「いつまで」に「自分の町にあるものやないもの，またあってほしいものについて，紹介する」のかを伝えます。そして，「時間内に全員が達成できること」を求めます。そのためには「どこで」「誰と」学習してもよいことを伝え，学習を子どもたちに任せます。デジタル教材や音声教材，ALT の先生はめあてを達成するための必要に応じて使ってもよいことを伝えておきます。

	活動中に見える子どもの言動（例）	教師の声かけ・価値づけ（例）
課題Ⅱ	・「総合学習で調べたよね。」	・「総合学習や社会などでやった内容を思い出している人がいるね。他の教科で学んだことも生かすと，素晴らしい町紹介が出来上がるね。」
課題Ⅲ	・「○○さんたちと内容が似てるね。」	・同じ町についての紹介であることから，当然内容が似てくることが予想されます。この段階では，それで問題はありません。しかし，だからこそ次の時間では，他のみんなとは少し異なる発表をするために，「どんなものがあるといいか」「どうしてそう思うか」について考え，表現できるように，この時間のうちから声かけをしていきましょう。

④ふりかえり≪５分≫　（※本書 p.11参照）

評価の文例

・自分の町にあるものやないものの紹介の仕方について慣れ親しむことができた。（慣れ親しみ）

4 I like my town.

自分の町を紹介《しょうかい》するポスターを作ろう

6年　　組（　　　　　　　　　　）

めあて

全員が，自分が決めた町についてのミニポスターを作り，発表することができる。

手立て

“We Can! 2” 32ページ・デジタル教材・音声教材・ALTの先生

すること

Ⅰ　32ページ「Activity ②」を聞いて，どういった内容であるかを話し合う。その後，教材にあるミニポスターを見ながら，どうやってポスターを作ればいいか確認する。

Ⅱ　前時に考えた町の紹介文を紙に書く。その後，その文に合わせたミニポスターを作成する。

Ⅲ　友だち同士で，できあがったミニポスターを見せながら，町を紹介し合う。紹介し合ったらサインをもらい，５人以上と伝え合う。もし，まちがっている場合は，正しいアドバイスをもらって言いなおす。

ゴール

A　７人以上と町を紹介し合う活動をすることができた。

B　５人以上と町を紹介し合う活動をすることができた。

C　時間内に終わらなかった。

ふりかえり

①学習面について　　**ゴール　A　B　C**

今日わかったことやできるようになったこと，感想を学習した言葉を使って書きましょう。

②行動面について　**Aみんなのために行動できた　Bみんなのために行動できなかった**

次，みんなができるためにがんばることを書きましょう。

ねらい ポスターを作成し，紹介することで，町にある施設や，ない施設，そして，あるとよい施設を英語で提案できる。（7／8時間）

授業の流れと声かけのポイント

①めあての説明≪5分≫

先生や友だちとあいさつをした後，今日のめあてとゴールを伝えます。

②課題Ⅰ（教師主導：一斉）≪10分≫

まずは，教科書を閉じた状態で「Activity ②」を聞かせましょう。最初はテキストを見ないで聞かせ，おおよその内容を把握させましょう。その後，テキストを見て内容を確認することで理解が深まるでしょう。最終的にはミニポスターを作るのが本時の目的ですので，文だけではなく，絵も入ることや，文字の大きさも変えてよいことなどに気づかせましょう。ポスター作成の意欲を引き出す声かけをすると，次のポスター作成の活動に主体的に取り組むようになります。

③課題Ⅱ・Ⅲ（子ども主体：『学び合い』）≪25分≫

まずは，「いつまで」に「自分が決めた町についてのミニポスターを作り，5人以上の友だちと発表し合う」のかを伝えます。そして，「時間内に全員が達成できること」を求めます。そのためには「どこで」「誰と」学習してもよいことを伝え，学習を子どもたちに任せます。デジタル教材や音声教材，ALT の先生はめあてを達成するための必要に応じて使ってもよいことを伝えておきます。

	活動中に見える子どもの言動（例）	教師の声かけ・価値づけ（例）
課題Ⅱ	・「辞書使っていいの？」	・「辞書は，もちろん使っていいですよ。でもどうやって調べるのが一番早くて正確かな。みんなが書いた文は，教科書をもとにしているよね。まずは教科書を見直して，前のページを見てみるほうが早いかもよ。」
	・「絵がうまく描けないよー。」	・「絵を描くのって難しいよね。というか難しい人にとっては難しいよね。でも簡単な人にとっては簡単なんじゃないかな。数学が得意な人，英語が得意な人，音楽が得意な人など，特技は人それぞれだよね。それぞれが自分の特技を生かして助け合ったら，きっとお互いが助け合える素敵な関係になるんじゃないかな。絵が得意な人は，ぜひ苦手な人にアドバイスしてあげてね。」
課題Ⅲ	・ポスターを指さしながら話をしている。	・「ポスターをしっかり指さしながら話をしている人がいるね。ポスターには絵も入っていて見やすいよね。せっかく作ったポスターを，ぜひ活用して，相手がわかりやすい発表になるといいね。」

④ふりかえり≪5分≫　（※本書 p.11参照）

評価の文例

・町を紹介するポスターの作成や発表を通して，その町の特徴に気づき，それを英語でどのように表現することができるかに気づくことができた。（気づき）

5 My Summer Vacation

夏休みにしたことを友だちに伝えよう①

6年　　組（　　　　　　　　　　）

めあて

全員が，自分の好きな夏休みについて考え，友だちに伝えることができる。

手立て

“We Can! 2” 34〜37ページ・デジタル教材・音声教材・ALT の先生

すること

Ⅰ　35ページ「Let's Chant」を聞いて，リズムに合わせてチャンツを言う。

Ⅱ　36〜37ページ「Let's Listen ①」と「Let's Listen ②」を友だちと一緒に聞く。その後，どういった表現が使われているかを確認する。

Ⅲ　34〜35ページにある絵を見ながら，上段，中段，下段からそれぞれ１つずつ選ぶ。その後，Ⅱで確認した表現と組み合わせて，自分の好きな夏休みを考える。完成した文章を５人以上に聞いてもらい，正しく言うことができていればサインをもらう。もし，まちがっている場合は，正しいアドバイスをもらって言いなおす。

ゴール

A　７人以上に，自分の好きな夏休みを紹介《しょうかい》できた。

B　５人以上に，自分の好きな夏休みを紹介できた。

C　時間内に終わらなかった。

ふりかえり

①学習面について　　**ゴール　A　　B　　C**

今日わかったことやできるようになったこと，感想を学習した言葉を使って書きましょう。

②行動面について　**Aみんなのために行動できた　Bみんなのために行動できなかった**

次，みんなができるためにがんばることを書きましょう。

ねらい 夏休みにしたことや行った場所，食べたものなどを友だちに伝えることができる。

（４／８時間）

☺ 授業の流れと声かけのポイント ☺

①めあての説明≪５分≫

先生や友だちとあいさつをした後，今日のめあてとゴールを伝えます。

②課題Ⅰ・Ⅱ（教師主導：一斉）≪20分≫

今回の「Let's Chant」は，この後の表現活動で使うことになる文の形が盛り込まれています。そのため，ウォームアップとしてもう一度取り組んでから今日の活動に入っていきましょう。

また，「Let's Listen ①②」でも，夏休みに何をしたかという自己表現活動につながる中身となっています。押さえておきたい表現を以下に示しました。①どこに行き，②何を楽しみ，③何を食べたか，の３つについては最低限必要になってきます。このリスニング活動を通して，自分だったら何と言えばいいかを想像させながら活動に取り組ませましょう。

〈気づかせたい表現〉

①I went to〔場所〕.　　（例）I went to the sea.

②I enjoyed〔活動〕.　　　　I enjoyed swimming.

③I ate〔食べ物〕.　　　　　I ate watermelon.

③課題Ⅲ（子ども主体：『学び合い』）≪15分≫

まずは，「いつまで」に「夏休みにしたことや行った場所，食べたものなどを友だちに伝える」のかを伝えます。そして，「時間内に全員が達成できること」を求めます。そのためには「どこで」「誰と」学習してもよいことを伝え，学習を子どもたちに任せます。デジタル教材や音声教材，ALT の先生はめあてを達成するための必要に応じて使ってもよいことを伝えておきます。

	活動中に見える子どもの言動（例）	教師の声かけ・価値づけ（例）
課題Ⅲ	・「全部，同じ段じゃだめだよ。」	・「上段・中段・下段から選んで文を作ってね。友だちの間違いに気づくのは，しっかり聞いている証拠だね。全員が目標達成するために，そういったアドバイスは大切だよ。ありがとう。」
	・辞書を使っている。	・「教科書に載っていないことを辞書で調べている人がいるね。すごいね。辞書や教科書の前のページなども使って，表現してみよう。」
	・大きな声で発音している。	・「体育の授業と同じで，自分でやってみないと（言ってみないと），できるようにはならないよね。大きな声で言っている人は絶対，上手になるね。」

④ふりかえり≪５分≫　（※本書 p.11参照）

評価の文例

・自分が夏休みにしたことを，英語で友だちと伝え合うことができた。（コミュニケーション）

5 My Summer Vacation

夏休みにしたことを友だちに伝えよう②

6年　　組（　　　　　　　　　　）

めあて

「私もそのような夏休みを一緒に過ごしたい！」と思うような夏休みの思い出を伝え合おう。

手立て

"We Can! 2" 39～40ページ・デジタル教材・音声教材・ALTの先生

すること

Ⅰ　39ページ「Let's Read and Watch」を見て，夏休みの思い出の表現方法を確認する。

Ⅱ　自分の夏休みについて，39ページ「Let's Read and Watch」を参考にしながら文を書く。

Ⅲ　40ページ「Activity」を行う。完成した文をできるだけ多くのクラスメートに話し，自分もそのような夏休みを一緒に過ごしたいと思った人からサインをもらう。もし，まちがっている場合は，正しいアドバイスをもらって言いなおす。

ゴール

A　たくさんの友だちが「私もそのような夏休みを一緒に過ごしたい！」と思うように意識して，夏休みの思い出を伝えることができた。

B　友だちが「私もそのような夏休みを一緒に過ごしたい！」と思うように意識して，夏休みの思い出を伝えることを少し意識してできた。

C　友だちがどのように思うかを，意識することができなかった。

ふりかえり

①学習面について　　**ゴール　A　B　C**

今日わかったことやできるようになったこと，感想を学習した言葉を使って書きましょう。

②行動面について　**Aみんなのために行動できた　Bみんなのために行動できなかった**

次，みんなができるためにがんばることを書きましょう。

ねらい　相手に伝えたいことを意識して話すという目的意識をもって，活動に取り組むことができる。

☺ 授業の流れと声かけのポイント ☺

①めあての説明≪５分≫
先生や友だちとあいさつをした後，今日のめあてとゴールを伝えます。

②課題Ⅰ・Ⅱ（教師主導：一斉）≪20分≫
最初に「Let's Read and Watch」を見て，内容を確認しましょう。この段階で押さえておきたい表現は，以下の通りです。このUnitを通して，何度も出ている表現ですが，見つけた子どもを積極的に褒めて，全員に周知しましょう。

〈気づかせたい表現〉
①I went to〔場所〕.　（例）I went to the sea.
②I enjoyed〔活動〕.　I enjoyed swimming.
③I ate〔食べ物〕.　I ate watermelon.
④It was〔感想〕.　It was exciting.

③課題Ⅲ（子ども主体：『学び合い』）≪15分≫
まずは，「いつまで」に「夏休みの説明を聞いた相手が『私もそのような夏休みを一緒に過ごしたい！』と思うような夏休みの思い出を伝える」かを伝えます。そして，「時間内に全員が達成できること」を求めます。そのためには「どこで」「誰と」学習してもよいことを伝え，学習を子どもたちに任せます。デジタル教材や音声教材，ALTの先生はめあてを達成するための必要に応じて使ってもよいことを伝えておきます。
今回の課題に関しては，自分の夏休みについて話すという設定にしましたが，子どもによっては，夏休みに取り立てて話せるような場所には行かなかったという場合もあるでしょう。場合によっては，「自分の理想の夏休み」という設定で活動を進めることも可能です。

	活動中に見える子どもの言動（例）	教師の声かけ・価値づけ（例）
課題Ⅱ	・「～って英語で何て言うの？」	・「英語での言い方がわからないときはどうすればいいかな？　先生に聞くのももちろんいいよ。でも友だちに聞いたり，タブレットPC（音声教材）で調べたり，ALTの先生に聞いたり，辞書を使ったり，いろいろな方法があるよね。そういった学習の方法も学んでいこう。」
課題Ⅲ	・「サイン，もらえなかったー。」	・「サインもらえなかったかー。どうしてだろうね。今日の授業で大切なのは，相手に『私もそのような夏休みを一緒に過ごしたい！』と思わせることだよね。そのためには，どんなふうに話せばいいかな。」 ・こういった話をした後の子どもの動きは，ぜひ大げさに褒めて価値づけをしたいところです。「ジェスチャーがあると伝わりやすいね」「声をちょっと変えているね。感情が伝わってくるな～」など，声による見える化を図りましょう。

④ふりかえり≪５分≫　（※本書p.11参照）

評価の文例
・相手の感情に響くように話すという目的意識をもって会話活動に取り組むことができた。（コミュニケーション）

６年

6 What do you want to watch?

オリンピック・パラリンピックの話をしよう

6年　　組（　　　　　　　　　　）

めあて

全員が，自分が見たいオリンピック・パラリンピックの種目を，どうしてそれが見たいかもふくめて，たずねたり，答えたりすることができる。

手立て

“We Can! 2”44～45ページ・デジタル教材・音声教材・ALTの先生

すること

Ⅰ　44ページ「Let's Watch and Think ②」を行い，友だちと協力して聞き取る。

Ⅱ　45ページ「Let's Watch and Think ③」を行い，情報を友だちと協力して聞き取る。「どんなスポーツを見たいか」という表現は英語で何と言うかメモしながら取り組もう。

Ⅲ　45ページ「Let's Talk」を次の順番で行う。まず，自分が見たい競技，２つに○をつける。理由もつけて言えるように準備する。その後自由に歩き回り，会話をして，相手が好きだと言った競技の□に名前を書いてもらう。ただし，同じ友だちの名前は１回しか書けない。もし，まちがっていればアドバイスをもらって言いなおす。

ゴール

A　８人以上にインタビューしたり，答えたりすることができた。

B　６人以上にインタビューしたり，答えたりすることができた。

C　時間内に終わらなかった。

ふりかえり

①学習面について　　**ゴール　A　B　C**

今日わかったことやできるようになったこと，感想を学習した言葉を使って書きましょう。

②行動面について　**Aみんなのために行動できた　Bみんなのために行動できなかった**

次，みんながてきるためにがんばることを書きましょう。

ねらい オリンピック・パラリンピックの種目で，自分が見たい競技について，どうしてそれが見たいのかという理由も含めて伝え合うことができる。（３／７時間）

☺ 授業の流れと声かけのポイント ☺

①めあての説明≪５分≫

先生や友だちとあいさつをした後，今日のめあてとゴールを伝えます。

②課題Ⅰ・Ⅱ（教師主導：一斉）≪20分≫

「Let's Watch and Think ②」は，難易度が高く，予備知識がないと答えを書き込むことができず，自信をなくしてしまう子どもが出てきてしまいます。そのため，事前に教材の写真を見せて，“Who is this?” などの簡単な質問をして確認しておいたり，友だちと協力して聞き取っていいようにするなどの工夫をして取り組ませましょう。

「Let's Watch and Think ③」では，おそらく錦織圭選手の名前を聞き取れる子どもが多いはずです。そこから，どんな質問があって，それに対してどんな答えだから錦織圭選手の名前が出てきたのかを考えさせて，何度かリスニング活動を行いましょう。そうすることで，以下の大切な表現に気づかせ，自分なら何と答えるかについても考えさせましょう。

〈気づかせたい表現〉

A：What sport do you want to watch?　B：I want to watch ～.

③課題Ⅲ（子ども主体：『学び合い』）≪15分≫

まずは，「いつまで」に「オリンピック・パラリンピックの種目で，自分が見たい競技について，どうしてそれが見たいのかという理由も含めて伝え合う」のかを伝えます。そして，「時間内に全員が達成できること」を求めます。そのためには「どこで」「誰と」学習してもよいことを伝え，学習を子どもたちに任せます。デジタル教材や音声教材，ALT の先生はめあてを達成するための必要に応じて使ってもよいことを伝えておきます。

	活動中に見える子どもの言動（例）	教師の声かけ・価値づけ（例）
課題Ⅲ	・「前にも東京でオリンピックってやってるんだね。」	・「東京では，以前にもオリンピックが行われたことがあったんだね。今回の学習はオリンピックについての勉強でもあります。他にわかったことはあるかな。どんどん友だちと話をして確認しよう。」
	・男子が女子に，女子が男子に積極的に話しかけている。	・「男子も女子も関係ないよね。目標達成のために全員で協力して進めることが大切だね。」
	・８人以上と活動をして，マスが埋まっているにもかかわらず，活動を続けている。	・「全員が目標を達成するためには，自分が終わっても活動を続けてくれる人がいると助かるよね。みんなのための行動だね。」

④ふりかえり≪５分≫　（※本書 p.11参照）

評価の文例

・アイコンタクトをしながら，友だちの意見を聞くことができた。（コミュニケーション）

・自分が見たい競技について，理由も含めて，相手に伝えることができた。（コミュニケーション）

6 What do you want to watch?

オリンピック・パラリンピックを楽しもう

6年　　組（　　　　　　　　　　　　）

めあて

全員が，自分の理想のオリンピック・パラリンピックの観戦計画を立て，お互いに伝え合うことができる。

手立て

“We Can! 2” 47～48ページ・デジタル教材・音声教材・ALT の先生

すること

Ⅰ　47ページ「Let’s Read and Write ①」で見たい競技に○をつける。その後，48ページ「Let’s Watch and Think ⑤」を行い，見たい競技をたずねる言い方と答える言い方について友だちと確認する。

Ⅱ　47ページ「Activity ①」を，友だちとペアで取り組む。

Ⅲ　48ページ「Activity ②」を行う。観戦計画の作成後は，自分の表を見ながら，ペアで会話し，お互いに伝え合う。クラス内で似たような観戦計画を立てた友だちを探す。

ゴール

A　クラスで一番，似たような観戦計画を立てた友だちを探すことができた。

B　クラス内で似たような観戦計画を立てた友だちを探すことができた。

C　時間内に終わらなかった。

ふりかえり

①学習面について　　**ゴール　A　B　C**

今日わかったことやできるようになったこと，感想を学習した言葉を使って書きましょう。

②行動面について　**Aみんなのために行動できた　Bみんなのために行動できなかった**

次，みんなができるためにがんばることを書きましょう。

ねらい 自分の理想のオリンピック・パラリンピック観戦計画を立て，お互いに伝え合うことができる。（7／7時間）

☺ 授業の流れと声かけのポイント ☺

①めあての説明≪５分≫
先生や友だちとあいさつをした後，今日のめあてとゴールを伝えます。

②課題Ⅰ・Ⅱ（教師主導：一斉）≪15分≫
「Let's Read and Write ①」では，英語名を習っていない種目があるものの，ピクトグラムを頼りにすることで，児童は何の競技か理解することができるでしょう。必要に応じて，指導者が発音を教えましょう。
「Let's Watch and Think ⑤」を通して，この後の「Activity ①」で必要となる表現を確認します。気づかせたい表現に関しては，以下を参考にしてください。前時までにどんなスポーツが見たいのかについてのやりとりは行っているので，ここでは，ぜひ，その理由まで言えることを到達目標にしましょう。
〈気づかせたい表現〉
A：What sport do you want to watch?
B：I want to watch ～.
A：Why do you want to watch ～?
B：It is ～.

③課題Ⅲ（子ども主体：『学び合い』）≪20分≫
まずは，「いつまで」に「クラス内で似たような観戦計画を立てた友だちを探す」のかを伝えます。そして，「時間内に全員が達成できること」を求めます。そのためには「どこで」「誰と」学習してもよいことを伝え，学習を子どもたちに任せます。デジタル教材や音声教材，ALT の先生はめあてを達成するための必要に応じて使ってもよいことを伝えておきます。

	活動中に見える子どもの言動（例）	教師の声かけ・価値づけ（例）
課題Ⅲ	・観戦計画が充実している。または観戦計画に空欄が多い。	・「観戦計画がたくさん書かれている人は，オリンピックを楽しめそうだね。逆にスカスカの人は，楽しめるかな？　この後，似たような計画の友だちを探してもらうよ。ある程度，観戦計画が充実していたほうがいいよね。」
	・まったく同じ計画の人がいない。	・「まったく同じという人はいないかもしれないね。自分の観戦計画に近い人が誰なのかをメモしておくといいね。」
	・観戦計画を見せて話をしている。	・「観戦計画を見せちゃうと話す必要がなくなっちゃうね。計画は自分だけが見て，たくさん習った表現を使って会話をしよう。自分と一番近い観戦計画を立てたのは誰かな？」

④ふりかえり≪５分≫　（※本書 p.11参照）

評価の文例

・オリンピックの話題を通して，自分がしたいことを表現したり，相手がしたいことを尋ねたりすることができた。（コミュニケーション）

６年

7 My Best Memory

小学校の一番の思い出を伝え合おう①

6年　　組（　　　　　　　　　　　　　）

めあて

全員が，自分の小学校の一番思い出の学校行事をたずねたり，答えたりすることができる。

手立て

“We Can! 2”52〜53ページ・デジタル教材・音声教材・ALT の先生

すること

Ⅰ　52ページ「Let’s Listen ①」と「Let’s Listen ②」を行う。その後，自分の小学校の一番思い出の学校行事を説明するために必要な表現は，どういったものなのかについて確認する。

Ⅱ　53ページ「Let’s Talk」を行う。相手の一番の思い出をたずねるときに必要な表現と，理由もつけて答えるときの表現について確認しながら行う。５つ以上のマスに名前が入るように積極的に話し合う。

ゴール

A　６つ以上のマスに名前を入れることができた。

B　５つのマスに名前を入れることができた。

C　時間内に終わらなかった。

ふりかえり

①学習面について　　**ゴール　A　B　C**

今日わかったことやできるようになったこと，感想を学習した言葉を使って書きましょう。

②行動面について　**A みんなのために行動できた　B みんなのために行動できなかった**

次，みんなができるためにがんばることを書きましょう。

ねらい 動詞の過去形を適切に使いながら，小学校の一番の思い出について，尋ねたり，答えたりする表現に慣れ親しむことができる。（４／８時間）

☺ 授業の流れと声かけのポイント ☺

①めあての説明≪５分≫

先生や友だちとあいさつをした後，今日のめあてとゴールを伝えます。

②課題Ⅰ（教師主導：一斉）≪15分≫

「Let's Listen ①」では，自分の小学校での一番思い出深い学校行事を述べた後，その理由を“It was ～.”を使って述べています。「Let's Listen ②」では，逆に，enjoy という単語を使って，最初に楽しかったことを挙げて，その後，該当する学校行事を，一番の思い出として挙げる形となっています。どちらの表現でも表せることに気づかせると，この後の活動でも子どもの表現の幅が広がります。

〈気づかせたい表現〉

① My best memory is ～.
② I went to ～.
③ I enjoyed ～.
④ It was ～.

③課題Ⅱ（子ども主体：『学び合い』）≪20分≫

まずは，「いつまで」に「『Let's Talk』の９つの□のうち，５つ以上に名前を入れる」のかを伝えます。そして，「時間内に全員が達成できること」を求めます。そのためには「どこで」「誰と」学習してもよいことを伝え，学習を子どもたちに任せます。デジタル教材や音声教材，ALT の先生はめあてを達成するための必要に応じて使ってもよいことを伝えておきます。

	活動中に見える子どもの言動（例）	教師の声かけ・価値づけ（例）
課題Ⅱ	・「何て聞けばいいの？」	・「さっきやった活動では，自分の小学校の一番の思い出をどうやって表現すればいいかがわかったかな。でも今回は，まずはそれを友だちに聞かなきゃならないからね。どうしよっか。何て聞けばいい？　53ページの下に載っているけど，読めるかな～。」
	・理由がうまく言えない。	・今回の活動では，一番の思い出を言うだけではなく，簡単でも理由まで言えるように準備させます。そのためには，“It was ～.”や“We enjoyed ～.”などの表現を用いると言いやすいでしょう。この Unit に入ってからの多くのリスニング活動で上記の言い回しが使われているので，もう一度，そこを意識させてリスニング活動を行わせるのもよいでしょう。

④ふりかえり≪５分≫　（※本書 p.11参照）

評価の文例

・小学校の一番の思い出について，尋ねたり，答えたりする表現に慣れ親しむことができた。（慣れ親しみ）

６年

7 My Best Memory

小学校の一番の思い出を伝え合おう②

6年　　組（　　　　　　　　　　）

めあて

全員が，思い出のアルバムを作り，それを見せながら小学校の思い出を伝え合うことができる。

手立て

“We Can! 2”56ページ・デジタル教材・音声教材・ALT の先生

すること

Ⅰ　友だちと相談し，これまでの活動を生かして，小学校の行事の中で一番の思い出を選び，どのような内容を話すか考える。

Ⅱ　Ⅰで考えた内容に合った絵と文（キーワードだけでも OK）を，56ページ「Activity」を参考にしながら書いて，自分の思い出のアルバムを作る。

Ⅲ　作成したアルバムを見せながら，友だち３人以上に小学校の一番の思い出について伝える。もし，まちがっている場合は，正しいアドバイスをもらって言いなおす。

ゴール

A　５人以上の友だちに，小学校の一番の思い出について伝えることができた。

B　３人以上の友だちに，小学校の一番の思い出について伝えることができた。

C　時間内に終わらなかった。

ふりかえり

①学習面について　　**ゴール　A　B　C**

今日わかったことやできるようになったこと，感想を学習した言葉を使って書きましょう。

②行動面について　**Aみんなのために行動できた　Bみんなのために行動できなかった**

次，みんなができるためにがんばることを書きましょう。

ねらい 思い出の学校行事について伝え合ったり，例文を参考に英文を書き写したりすることができる。（７／８時間）

☺ 授業の流れと声かけのポイント ☺

①はじめの語りとめあての説明≪５分≫

今日の授業の中で，「いつまで」に「小学校の一番の思い出について，３人以上の友だちに伝える」かを伝えます。そして，「時間内に全員が達成できること」を求めます。そのためには「どこで」「誰と」学習してもよいことを伝え，学習を子どもたちに任せます。デジタル教材や音声教材，ALT の先生はめあてを達成するための必要に応じて使ってもよいことを伝えておきます。

②課題Ⅰ・Ⅱ・Ⅲ（子ども主体：『学び合い』）≪35分≫

	活動中に見える子どもの言動（例）	教師の声かけ・価値づけ（例）
課題Ⅰ	・「１つだけだよね？」	・「一番の思い出だから，１つと言いたいところだけど，たくさん言いたい人や１つに絞り切れない人は３つぐらいまではいいよ。でもしっかり話せるように準備してね。たくさん話せば英語の力はぐんぐんのびる！　いいね！」
課題Ⅱ	・「絵がうまく描けないよ……。」	・「全員が上手に絵を描けるわけではないよね。大切なのは伝えることだから，細かい部分にこだわらなくていいよ。そして，こんなときこそ友だち同士で助け合ってほしいな。絵を描くのが得意な人はぜひ困っている友だちにアドバイスしてあげてね。」
	・「時間がないよー。」	・「あんまり絵に時間をかけすぎると話す準備の時間が足りなくなるよ。英語の時間に大切なのは絵を描くことではないよね。そこを考えて，時間配分に注意して活動しようね。」
課題Ⅲ	・友だちの話にあいづちをうちながら話を聞いている。	・「話を聞いている人があいづちをうってくれると話しやすいよね。そんな人は，自分が話す人だとしたらどうしてほしいかまで考えられる人だね。やさしいね。うなずくだけではなく“Wow.”とか“Great.”とか，今までに出てきた表現を使うこともできるね。どんどん使ってみよう！」
	・アルバムの絵やメッセージを指さしながら話している。	・「アルバムを指さしながら話している人がいるよ。伝えたい気持ちがあるから，そんな行動が出てくるね。相手にわかりやすく伝えるにはどうすればいいか考えて，話してみようね。」

③ふりかえり≪５分≫　（※本書 p.11参照）

評価の文例

・学校行事について伝え合ったり，例文を参考に英文を書き写したりすることができた。（コミュニケーション）

６年

8 What do you want to be?

将来の夢を伝え合おう

6年　　組（　　　　　　　　　　）

めあて

全員が，自分の将来の夢について，簡単な理由もふくめて，伝え合うことができる。

手立て

“We Can! 2”58，61ページ・デジタル教材・音声教材・ALT の先生

すること

Ⅰ　58ページ「Let's Chant」を聞き，リズムにあわせてチャンツを言う。

Ⅱ　61ページ「Let's Listen」を行う。友だちの将来の夢を聞くときは何と言えばいいか。また，自分の夢を，理由もふくめて説明するときはどうすればいいかに注意して聞く。

Ⅲ　61ページ「Activity」を行う。自分の将来の夢について，理由もふくめて，5人以上とたずね合い，正しく言えていればサインをもらう。もし，まちがっていればアドバイスをもらって言いなおす。

ゴール

A　7人以上の友だちと，将来の夢について，その理由もふくめて伝え合うことができた。

B　5人以上の友だちと，将来の夢について，その理由もふくめて伝え合うことができた。

C　時間内に終わらなかった。

ふりかえり

①学習面について　　ゴール　A　B　C

今日わかったことやできるようになったこと，感想を学習した言葉を使って書きましょう。

②行動面について　A みんなのために行動できた　B みんなのために行動できなかった

次，みんながてきるためにがんばることを書きましょう。

ねらい 自分の将来の夢について，簡単な理由もつけて説明することができる。また，友だちの将来の夢を聞くことができる。（５／８時間）

授業の流れと声かけのポイント

①めあての説明≪５分≫

先生や友だちとあいさつをした後，今日のめあてとゴールを伝えます。

②課題Ⅰ・Ⅱ（教師主導：一斉）≪20分≫

今回の「Let's Chant」は，この後の表現活動で使うことになる文の形が盛り込まれています。そのため，ウォームアップとしてもう一度取り組んでから今日の活動に入っていきましょう。

また，「Let's Listen」でも，将来何になりたいかを尋ねる表現と，それに答える内容となっており，この後の活動に直結する表現です。気づかせたい表現を以下に示します。このリスニング活動を通して，自分だったら何と言えばいいかを想像させながら活動に取り組ませましょう。

〈気づかせたい表現〉

① What do you want to be?
② I want to be a〔職業名〕.
③ Why?
④ I like ～. I can ～.

③課題Ⅲ（子ども主体：『学び合い』）≪15分≫

まずは，「いつまで」に「自分の将来の夢について，理由も含めて，５人以上と尋ね合う」のかを伝えます。そして，「時間内に全員が達成できること」を求めます。そのためには「どこで」「誰と」学習してもよいことを伝え，学習を子どもたちに任せます。デジタル教材や音声教材，ALT の先生はめあてを達成するための必要に応じて使ってもよいことを伝えておきます。

	活動中に見える子どもの言動（例）	教師の声かけ・価値づけ（例）
課題Ⅲ	・アイコンタクトをとったり，ジェスチャーをつけたりして話している。	・「アイコンタクトやジェスチャーがしっかりとできている人がいるね。相手に伝えたいと思ったら，言葉だけじゃなくて，自然と動きも入ってくるね。」
	・相手の話を適当に聞いて，とにかくたくさんの友だちとやりとりしようとしている。	・「たくさんの友だちと将来の夢を伝え合って，今日の課題を達成しようと頑張っている友だちがいるね。すごくいいことです。でもね，ちゃんと相手の話を最後まで聞いていますか？　どんな理由でその職業になろうとしているか聞き取れてる？　相手に伝わるように話せてる？　それはコミュニケーションをとるときに，英語に限らず，すごく重要なことです。大切にしよう。」

④ふりかえり≪５分≫（※本書 p.11参照）

評価の文例

・自分の将来の夢について，理由もつけて話すことができた。また，相手の話をしっかりと聞くことができた。（コミュニケーション）

６年

8 What do you want to be?

自分の将来の夢について書いてみよう

6年　　組（　　　　　　　　　　　　　）

めあて

全員が，自分の将来の夢について原稿《げんこう》を書き，それを見せながら伝え合うことができる。

手立て

“We Can! 2”58，62ページ・デジタル教材・音声教材・ALT の先生

すること

Ⅰ　58ページ「Let's Chant」を聞き，リズムに合わせてチャンツを言う。

Ⅱ　前の時間に話した内容をもとに，62ページの「Let's Read and Write ①」を行う。

Ⅲ　文が書けたら，お互いに見せ合い，よりよい原稿を完成させる。３人以上の友だちと，完成した原稿を見せ合いながら，原稿を読み合う。正しく言えていればサインをもらう。もし，まちがっていればアドバイスをもらって言いなおす。

ゴール

A　５人以上と，将来の夢を伝え合う活動ががでぎた。

B　３人以上と，将来の夢を伝え合う活動ががでぎた。

C　時間内に終わらなかった。

ふりかえり

①学習面について　　**ゴール　A　B　C**

今日わかったことやできるようになったこと，感想を学習した言葉を使って書きましょう。

②行動面について　**A みんなのために行動できた　B みんなのために行動できなかった**

次，みんなができるためにがんばることを書きましょう。

ねらい 前時に話した内容をもとに，自分の将来の夢について原稿を書き，それを見せながら伝え合うことができる。（６／８時間）

授業の流れと声かけのポイント

①めあての説明≪５分≫

先生や友だちとあいさつをした後，今日のめあてとゴールを伝えます。

②課題Ⅰ（教師主導：一斉）≪10分≫

今回の「Let's Chant」は，この後の表現活動で使うことになる文の形が盛り込まれています。そのため，すでに行ったものではありますが，ウォームアップとしてもう一度取り組んでから今日の活動に入っていきましょう。

③課題Ⅱ・Ⅲ（子ども主体：『学び合い』）≪25分≫

まずは，「いつまで」に「自分の将来の夢について原稿を書き，それを見せながら３人以上の友だちと伝え合う」のかを伝えます。そして，「時間内に全員が達成できること」を求めます。そのためには「どこで」「誰と」学習してもよいことを伝え，学習を子どもたちに任せます。デジタル教材や音声教材，ALT の先生はめあてを達成するための必要に応じて使ってもよいことを伝えておきます。

	活動中に見える子どもの言動（例）	教師の声かけ・価値づけ（例）
課題Ⅱ	・「あれ？　ピリオドがないよ。」	・「お，友だちが忘れているところを言ってあげている人がいるね。それはすごく大切！　どんなときに大文字を使うか。文の終わりはどうするか。どこにスペースを空けるのかなど，覚えてるかな。全員が正しい英文を書けるように，お互いアドバイスし合おう。」
	・字が汚い。	・「こうやって見て回ると，ちょっと読みづらい英文もあるなぁ。今回の英文は，この後，友だちに見てもらうからね。誰もがしっかりと読めるような字で書く必要があるね。考えて書いてみよう。」
課題Ⅲ	・上手に英文を書いている。	・英文を書くのは不慣れな子どもも多いので，下手な子どもを指導して直すよりも上手な子どもを褒めることで，全員にやる気を起こさせます。この段階で指導したいポイントは以下の通りです。 〈チェックポイント〉 ①４線上に書いているか ②大文字と小文字が使われている場所は正しいか ③単語と単語の間にスペースがあるか ④ピリオドやコンマなどの符号が正しく使われているか

④ふりかえり≪５分≫　（※本書 p.11参照）

評価の文例

・自分の将来の夢について原稿を書き，それを見せながら伝え合うことができた。（コミュニケーション）

9 Junior High School Life

中学校でやりたいことを伝え合おう

6年　　組（　　　　　　　　　　　　　）

めあて

中学校でやりたい部活動や学校行事について，全員がお互いに聞いて，それに答えることができる。

手立て

“We Can! 2”69～70ページ・デジタル教材・音声教材・ALT の先生

すること

Ⅰ　69ページ「Let's Listen ②」を行い，好きな学校行事と，その理由を表現するのには，どういった表現が必要かを確認する。

Ⅱ　70ページ「Let's Play」の sample を聞いて，相手が中学校で「何部に入りたいのか」「どんな学校行事を楽しみにしているか」について何と言って聞けばいいかを確認する。

Ⅲ　３人以上の友だちと中学校の部活動や行事についてインタビューし合う。正しく言えていればサインをもらう。もし，まちがっていればアドバイスをもらって言いなおす。

ゴール

A　５人以上と，中学校でやりたい部活動や楽しみな学校行事について伝え合う活動ができた。

B　３人以上と，中学校でやりたい部活動や楽しみな学校行事について伝え合う活動ができた。

C　時間内に終わらなかった。

ふりかえり

①学習面について　　**ゴール　A　B　C**

今日わかったことやできるようになったこと，感想を学習した言葉を使って書きましょう。

②行動面について　**A みんなのために行動できた　B みんなのために行動できなかった**

次，みんなができるためにがんばることを書きましょう。

ねらい 中学校でやりたい部活動や学校行事について，お互いに聞いて，それに答えることができる。（４／８時間）

授業の流れと声かけのポイント

①めあての説明≪５分≫
先生や友だちとあいさつをした後，今日のめあてとゴールを伝えます。

②課題Ⅰ・Ⅱ（教師主導：一斉）≪20分≫
「Let's Listen②」では，好きな学校行事と，その理由を表す表現が使われています。この後の活動の参考になるように気づかせたいところです。なお，good at という単語の並びは，音声として読まれると good の d と at の a は，つながって聞こえるため，「グダット」のように聞こえます。もし気づいた子どもがいたら大いにほめた上で，簡単に解説すると英語の音声に慣れ親しむことにつながります。

〈気づかせたい表現〉
①自分の好きな学校行事を表す表現　I want to enjoy〔行事名〕.
②その理由を表す表現例　I like ～.　I am good at ～.　I can ～.

「Let's Play」では，学校行事だけではなく，中学校でどのような部活動に入りたいかという内容が含まれています。ここでもいくつか気づかせたい表現がありますので，そこを中心に何度も聞かせ，口頭で練習することで，慣れさせましょう。

〈気づかせたい表現〉
① What **club** do you want to **join**?
② I want to join（部活動名）.
③ What **school event** do you want to **enjoy**?
④ I want to enjoy（学校行事名）.

③課題Ⅲ（子ども主体：『学び合い』）≪15分≫
まずは，「いつまで」に「中学校でやりたい部活動や学校行事について，３人以上と尋ね合う」のかを伝えます。そして，「時間内に全員が達成できること」を求めます。そのためには「どこで」「誰と」学習してもよいことを伝え，学習を子どもたちに任せます。デジタル教材や音声教材，ALT の先生はめあてを達成するための必要に応じて使ってもよいことを伝えておきます。

	活動中に見える子どもの言動（例）	教師の声かけ・価値づけ（例）
課題Ⅲ	・「sports dayって何だっけ？」	・「今聞いているのは学校行事に関することだね。学校行事は69ページの『Let's Watch and Think③』でやったね。その時のことを思い出そう。自分だったらどう言えばいいかな。」
	・あっという間に３人と会話し，表が埋まってしまった。	・「早くも３人と会話をして，教科書の表が埋まっている人がいるね。すごいすごい！　表の外側にメモしてもいいから活動を続けよう。終わったらやめちゃったら，終わっていない人がやる相手が少なくなっていっちゃうもんね。全員が課題達成するために助け合いながら進めよう。」

④ふりかえり≪５分≫（※本書 p.11参照）

評価の文例

・中学校でやりたい部活動や学校行事について，お互いに尋ね合うときの表現に慣れ親しむことができた。（慣れ親しみ）

６年

9 Junior High School Life

中学校でやりたいことを書いてみよう

6年　　組（　　　　　　　　　　　）

めあて

全員が，中学校でやりたい部活動や学校行事についてのスピーチ原稿《げんこう》を書き，それをもとに発表することができる。

手立て

“We Can! 2” 72ページ・デジタル教材・音声教材・ALT の先生

すること

Ⅰ　72ページ「Activity」を何度も聞き，どのような内容が話されているか友だちと確認する。

Ⅱ　Ⅰで聞いた内容を参考に，以下の２つを必ず入れて中学校生活に関するスピーチ原稿を書く。

① What club do you want to join?　② What school event do you want to enjoy?

Ⅲ　完成したスピーチを３人に聞いてもらい，正しく言うことができていればサインをもらう。もし，まちがっている場合は，正しいアドバイスをもらって言いなおす。

ゴール

A　５人以上と，中学校でやりたい部活動や学校行事について伝え合う活動ができた。

B　３人以上と，中学校でやりたい部活動や学校行事について伝え合う活動ができた。

C　時間内に終わらなかった。

ふりかえり

①学習面について　　**ゴール　A　B　C**

今日わかったことやできるようになったこと，感想を学習した言葉を使って書きましょう。

②行動面について　**Aみんなのために行動できた　Bみんなのために行動できなかった**

次，みんながてきるためにがんばることを書きましょう。

ねらい 中学校でやりたい部活動や学校行事についてのスピーチ原稿を書き，それをもとに伝え合うことができる。（７／８時間）

☺ 授業の流れと声かけのポイント ☺

①めあての説明≪５分≫
先生や友だちとあいさつをした後，今日のめあてとゴールを伝えます。

②課題Ⅰ（教師主導：一斉）≪10分≫
「Activity」で使われている表現は，どれもこの Unit で何度も出てきた表現であり，子どもにとって内容を理解するのは，それほど難しくはないでしょう。何度か聞かせたら，自分に置き換えて表現するとしたらどうなるかを考えながら取り組ませましょう。

③課題Ⅱ・Ⅲ（子ども主体：『学び合い』）≪25分≫
今回は書く活動となりますが，「Activity」の文を参考にしながら，ここまで出てきた表現を組み合わせれば，予想よりも早く書き上がる児童も出てくるでしょう。早く書き上がった子どもには，理由を増やして書くように指示することで，さらに自己表現の幅が広がるでしょう。
原稿が書き上がったら，「いつまで」に「中学校でやりたい部活についてと，楽しみな学校行事について，原稿をもとに，３人以上と伝え合う」のかを伝えます。そして，「時間内に全員が達成できること」を求めます。そのためには「どこで」「誰と」学習してもよいことを伝え，学習を子どもたちに任せます。デジタル教材や音声教材，ALT の先生はめあてを達成するための必要に応じて使ってもよいことを伝えておきます。

	活動中に見える子どもの言動（例）	教師の声かけ・価値づけ（例）
課題Ⅱ	・すぐに立ち歩き，友だちのところへ行く。	・「活動開始の合図とともに，すぐに移動した人がいるね。書く活動は，話すよりも難しいかもしれないね。友だちとお互い助け合いながら一緒に進めるのはいいね。」
	・辞書を使っている。	・「辞書を使っている人がいるね。人に聞くもよし，教科書や辞書で調べるもよし。方法はどれでもいい。とにかく全員で課題を達成できるように，いい方法を考えてやっていこう。」
課題Ⅲ	・原稿だけを見て（下を見て）話をしている。	・「原稿通りに読むのは大切だよね。そのためには原稿をしっかり見て読みたくなるよね。でも今は，友だちに伝えようとしているんだよね。そんなときは，下ばかり見てたら本当に伝わるかな。相手がいることを忘れずに活動しよう。」
	・話すのが早い。	・「速く読めるのは，たくさん練習したからだね。すごいことだよね。でも速すぎると相手が聞き取りづらいかもしれないね。相手に伝わるように話すのが大切だよね。そこを意識して読んでみよう。読み方が変わるかもね。」

④ふりかえり≪５分≫（※本書 p.11参照）

評価の文例

・中学校でやりたい部活動や学校行事についてのスピーチ原稿を書き，それを見ながら伝え合うことができた。（コミュニケーション）

６年

あとがき

学生時代を振り返ってみると，英語は非常に苦手な教科でした。学年が上がるにつれてどんどん文法が複雑になり，英文の意味もわからず，苦手意識だけが増すばかりでした。外国に行くことはこれから先たぶんないだろう，そして，自分は英語を使うような仕事には就かないだろうと，その頃考えていました。小学校教諭になってからも，できるだけ英語を避け，高学年を担任することが多かったにもかかわらず，ほとんどが英語専科や ALT の先生にお任せでした。

そのような英語嫌いの私に転機が訪れたのが，上越教育大学教職大学院派遣中に，上越市の中学校の『学び合い』による英語の授業を参観したときでした。学習時間は，子どもたちがラジカセやパソコン，タブレット PC を自由に使って発音練習をしたり，聞き取ったりしている。わからない単語は自ら調べている。子ども同士の会話も英語の授業に関すること。もちろん，必要に応じて，先生や ALT に聞く姿もある。その空間は，やらされる英語ではなく，自分で考え，自分のペースで，自分に合った方法で学習を進めている，まさに，主体的で対話的な学習そのものでした。外国語の授業は，先生がまず手本として発音し，その後で子どもたちが発音するものだと思っていた私が，衝撃を受けた瞬間でした。そして，「これなら英語が苦手な自分でも授業ができる」と確信した瞬間でもありました。

本年度は５年生を担任し，週２時間のうち１時間は ALT の先生が，もう１時間は担任で進めています。子どもたちに活動を任せることで，英語を発話する量が増えているような感じがします。何より，子どもたちが楽しそうに会話のやりとりをしている姿がたくさん見られます。算数や国語などと違い能力差もほとんどないので，普段の学習で目立たない子であっても外国語なら活躍できる場が増えます。

私自身が「外国語活動や外国語って嫌だなぁ」と思っていたときは，授業の流れ通りに進めることだけを考えていましたが，今では，「外国語を使って，子どもたちはどんな関わりをするのだろう」とわくわくしながら様子を眺めています。外国語活動や外国語の学習を通して子どもたちがクラスのみんなと交流し，「みんながわかる・できる」をめざして対話を繰り返すことは，外国語の学習と同時に，仲間づくりをしている時間でもあります。月１回，または，２週間に１回，外国語を使った仲間づくりだと思えば，「外国語の授業をしなければ」という精神的負担は軽減されるのではないかと思います。

また，「主体的・対話的で深い学びのある授業や『学び合い』をしようと思ってはいるけど，算数や国語などの教科で子どもたちに学習を任せるのは不安」という先生方にとって，コミュニケーション活動が主体となっている外国語活動・外国語はとっつきやすいのではないかと思います。教師主導で授業を展開した場合でも，他の教科よりは子ども同士がコミュニケーションをとり合う機会が多いのが外国語活動・外国語の特徴です。そのペアで行っていたコミュニケーション活動の範囲をクラス全体に広げ，時間とコミュニケーションしてほしい人数，みんなが基準を達成するために考えて行動することを伝えるだけで，子どもたちは主体的に考え，対話しながら活動するようになります。そして，外国語をきっかけに，子ども自身が，子ども主体の学習に慣れてきたら他に教科に広げていくのも一つの方法ではないかと思います。本書が，英語が苦手で，毎週毎週の授業をどうしようと悩んでおられる先生方や，主体的・対話的で深い学びの視点での授業改善をしようと考えている先生方の一助になれば幸いです。

本書の発刊にあたり，明治図書の及川誠さん，西浦実夏さんには大変お世話になりました。心から感謝申し上げます。

橋本　和幸

【執筆者一覧】（執筆順）

西川　　純　　上越教育大学教職大学院
福坂　昂大　　上越教育大学教職大学院　（第１章１～４）
関戸菜々子　　上越教育大学教職大学院　（第１章５～９）
福井健一朗　　上越教育大学教職大学院　（第２章１～３）
柿木　幸栄　　上越教育大学教職大学院　（第２章４～６）
野口　大樹　　新潟県三条市立森町小学校　（第２章７～９）
橋本　和幸　　和歌山県海南市立亀川小学校　（第３章１～９）
伊藤　大輔　　福島県平田村立ひらた清風中学校　（第４章１～９）

【編著者紹介】

西川　純（にしかわ　じゅん）

1959年東京生まれ。筑波大学生物学類卒業，筑波大学大学院教育研究科修了（教育学修士）。博士（学校教育学）。前臨床教科教育学会会長。上越教育大学教職大学院教授。『学び合い』（二重括弧の学び合い）を提唱。

橋本　和幸（はしもと　かずゆき）

1980年，和歌山県生まれ。大阪府の公立小学校で６年勤務した後，和歌山の公立小学校に転勤。2011年に『学び合い』と出会い実践を進める。2015年から２年間，現職派遣として上越教育大学教職大学院で学ぶ。在学中は，西川純教授のもと，全国各地から依頼があった小・中学校で『学び合い』の出前授業や職員研修などを行い，教職大学院修了後の現在も引き続き活動を続けている。また，『学び合い』和歌山の会の代表を務め，主体的・対話的で深い学びを実現するための授業サポートも行っている。

伊藤　大輔（いとう　だいすけ）

1978年，福島県生まれ。大学卒業後，青年海外協力隊に参加。帰国後，会社勤めを経て，教員となる。福島県公立中学校教諭として勤務，現在に至る。どんな生徒にも力をつけることができる授業を目指し，日々奮闘中。
共著に『すぐ実践できる！アクティブ・ラーニング中学英語』（学陽書房）がある。

主体的・対話的で深い学びを実現する！
小学校外国語『学び合い』活動ブック
通知表文例つき

2019年３月初版第１刷刊

©編著者　西川　純　橋本　和幸　伊藤　大輔

発行者　藤原　光政

発行所　明治図書出版株式会社
http://www.meijitosho.co.jp
（企画）及川　誠（校正）西浦実夏
〒114-0023　東京都北区滝野川7-46-1
振替00160-5-151318　電話03(5907)6704
ご注文窓口　電話03(5907)6668

＊検印省略

組版所　株式会社アイデスク

Printed in Japan　ISBN978-4-18-283918-4

学級経営サポートBOOKS
明治図書
資質・能力を育てる
問題解決型学級経営
赤坂真二 著
なぜ？
あなたのやる気が成果に結びつかないのはなぜか。
曖昧さと決別する学級経営とは。

最高の学級づくり
パーフェクトガイド
指導力のある教師が知っていること
赤坂真二 著
学級をチームに！
1ランク上のクラスへ
明治図書

幼稚園
365日の集団づくり
年間行事編
吉村 裕
丸山 克俊 編著
「デイリープログラム」
「天使のひと言」
明治図書

Guidance and Counselling
生徒指導
すきまスキル
72
中学校
規律と温かな成長を生む指導スキルはこれだ！
ハードとソフトで生徒のつまずきを解消！

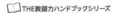

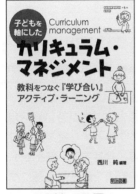

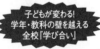